やり抜く自分に変わる

# 1秒習慣

(UN)
STUCK

Five Ways to Break Bad Habits
and Get Out of Your Own Way

ソフィー・モート 著
長澤あかね 訳



P研究所

同じことの繰り返し――
そんな人生はイヤだと感じ、
自分の幸せに責任を持つ
覚悟ができた人たちに。

あなたは勇気のある人だ。

# (UN) STUCK

## Five Ways to Break Bad Habits and Get Out of Your Own Way

若者たちが、
自分がどれほどあっという間に
『歩く習慣の塊』と化してしまうかに
気づいてさえいれば、まだ柔軟な時期に、
自分のふるまいにもっと注意を払うだろう。
人はよくも悪くも自らの運命を紡ぎ、
決して後戻りはできない。
どんなささいな善行も悪行も、
決して小さくはない傷痕を残すのだ。

——ウィリアム・ジェームズ
（アメリカの哲学者・心理学者）

# はじめに

## 大丈夫、あなたはきっと変われる

「狂気とは、同じことを何度も繰り返しながら、違う結果を期待すること」

――アルベルト・アインシュタイン

アインシュタインが正しいなら、私たちはみんなどうかしている。

人間は無意識のうちに、来る日も来る日も同じパターンを繰り返している。必死でやめようとしている習慣に、また戻ってしまう。人生で手に入れたいものを、思いっきり邪魔する行為にふけってしまう。

同じ日を延々と繰り返す『恋はデジャ・ブ』という映画があるけれど、私たちも自ら招いた、必ずしも意図したわけではない人生から抜け出せなくなっている。

そうなるのには理由がある。

**私たちが時折、行動を変えるのに苦労するのは、変化するのが難しい上に、変化を促す心理学や神経科学を学んだ人がほとんどいないからだ。**

つまり、みんな誤解している。変化を押し進めるのは意志の力――意志の力だけ――なのだ、と。

私たちは時折、最高の結果を期待しながら、わざわざいつものパターンを繰り返すことがある。幸せにしてくれない相手とつき合ったり、元気を根こそぎ奪うような会社で働いたり。変える必要があることを続けている自覚があるのに、それでも変えない。

自分にこう言い聞かせているからだ。

**「今までずっとこうしてきたじゃないか。今さらやめようとしたってもう遅い。もしかしたらいきなり、事態がよくなるかもしれない。先のことなんか誰にもわからないんだから」**

そもそも、変われるなんて信じていない場合もある。だから、変わろうとすらしない。「私はこういう人間だ。これからもずっとこのままだろう」そう思っている人を、私は大勢知っている。たとえ本当に変える必要があること――たとえば、困っているときに、仲間を遠ざけてしまう癖――があっても、だ。

**ニュース速報：**固まってしまった人間なんていない。私たちの脳は、人生を通して絶えず適応し、モデルチェンジしている。たしかに、適応は年齢と共にゆっくりになるから、あなたも私も、幼児や10代の頃のように、物事をすばやく身につけることはできない。

それは仕方がないけれど、最新の科学によると、脳は若々しい活力をいくぶん失い始めても、持てる資源をフル活用しようと自らを再編成する。たとえば、ヘルシーな食生活や運動など健康的なライフスタイルを選ぶことで、脳をより若く、健康に、柔軟に保つことはできる。[1]文字通り、老犬に新しい芸を仕込むことはできるのだ。

**あなたが誰であろうと、変わることはできる**……あなたがそう願えば。

## 今日も、大事な仕事を先延ばしにしていませんか？

私たちの行為の40パーセント以上は無意識の行動だ。[2]つまり、自動運転モードで動いていることも多いので、人生を夢遊病者のように生きてしまうリスクがある。

たいていの場合、親友か師《メンター》かセラピストから「うーん、こういうことが前にもあったんじゃないの？」と指摘されて初めて、「ああ、そうか！　これが私のパターンなんだ」と気づいたりする。

あなたにも、そんな経験はあるだろうか？　ないなら、私が今ここで、そのお役目を果たそう！　では、手始めにいくつか質問させてほしい。

**あなたは、「新年の抱負」を掲げて意気揚々と取り組み始めても、2週間も経つと元の木阿弥《もくあみ》、といったことがあるだろうか？**

ジムに行きたくて、そのための時間も確保したのに、ソファに座ると最高に心地がいい。脳はひたすら「行きたくない」とつぶやいているけれど、別の小さな声が割り込んできて言う。「一体どうしたの？　怠《なま》け者のダメ人間じゃないか」。何日かこんなふうに過ごしていると、変化のチャンスは永遠に失われた気がしてくる。

あるいは、やり遂げなくてはならないとても大事な仕事があって、締め切りも迫っているのに、**ぐずぐず先延ばしししている自分がいる？　それが自分のやりたいことで、本当に大切にしていることなのに？**

もしくは、自分を見てくれない相手とばかりデートしている？　最初から「まじめにつき合うつもりはない」なんて言う人に、愛情を求めていないだろうか？

あるいは、昇給したり昇進したり、やっと「幸運」をつかんだのに、喜ぶどころか自分でぶち壊してしまうことがある？　わざと失敗するような行動を取ったり、晴れ舞台を台無しにしたりしていない？

**この行き詰まった感じが自分の一部だ、なんて思い始めていないだろうか？**

いつも疲れた気分で、運動したり自分を気遣ったりする気力もわかず、誤った判断を繰り返し、パートナーとけんかばかりするのが運命だ……なんて。そして、自分を責めていないだろうか？

ほかのみんなは意図した通りの行動を取り、意図した通りの結果を手にする矢のような人生を送っているのに、自分は行きつ戻りつ蛇行する川みたいだ。いや、それどころか、渦《うず》のように堂々めぐりを繰り返し、もはや溺《おぼ》れる寸前じゃないか、と。

## 悪い習慣に待ったをかけ、人生に変化をもたらす「ロードマップ」

今の質問のどれかに「はい」と答えたとしても、大丈夫。あなたはどこも悪くない。人間はたとえ変わりたくても、堂々めぐりに陥《おちい》るものなのだ。

だからといって、こんなふうに言うつもりもない。「心配しないで。抜け出せなくても構わない理由は山ほどあるから、何とかしようとしなくていいよ」。

まさか！ **知識は力だけれど、あなたをパワフルな人間に変えてくれるのは行動だ。**この本を通して、あなたが「なぜ」抜け出せないのか、「どうすれば」抜け出せるのかをお伝えしたいと思う。**これは、変化を起こすための本だ。**あなたの人生に、人間関係に、もしかしたら世の中にも。

心理学にまつわる事柄の例に漏れず、この本は即効薬ではない。人生に有意義な変化を起こすのには、いつも時間がかかるのだ。ここでは、人生のかじ取りをするための手引き《ロードマップ》きをお渡しするが、学んだ考えを日々実践していくのはあなたの仕事だ。

**本書は、多くの人が繰り返し行き詰まる人生の領域に光を当て、なぜそんなパターンが生まれるのかをお伝えし、悪い習慣に待ったをかける行動が取れるようサポートしていく。**

要するに、『恋はデジャ・ブ』のような毎日にさよならして、自分が選んだ人生を歩いていくための本なのだ。

一緒に脱出を始める前に、きちんと自己紹介をさせてほしい。私は臨床心理学者のソフィー・モート博士だ。「心の健康《メンタルヘルス》を理解し、きちんと対処したい」と願う人たちと仕事をしている。また、心理学をセラピールームから引っ張り出して、それぞれの人生に納得のいく形で活かしてもらうべきだ、と熱く信じている一人でもある。

最初の著書『A Manual for Being Human（未邦訳：人間らしくあるためのマニュアル）』は、突然ひらめいて書いた。２０１８年、患者の診察を終えて車を走らせているとき、ハッと気づいたのだ――ほとんどの人は、自分自身を理解するように育てられていない。それどころか、たいていは人としてごく当たり前の経験を誤解するよう教え込まれ、それがメンタルヘルスに深刻な影響を及ぼしている、と。あの瞬間に背中を押されて、ストレスや緊張を理解し、それに対処する手法《ツール》を人々に提供する本を書いた。危機的な状況に陥ったり、心の専門家に会ったりしなくても、この情報を手に入れられるように。

2冊目の本書は、コロナ禍《か》の最初のロックダウンのときに、またしても「何てこと！」とショックを受けた瞬間がきっかけで生まれた。

ロックダウンが始まって1900日目くらいかと思ったらまだ21日目だったとき、緩和ケアの介護者であるブロニー・ウェアが書いた『死ぬ瞬間の5つの後悔』（新潮社）という本を読んだ（世界規模のパンデミック以上に、自分の存在や最期の瞬間について考えさせるものがあるだろうか?）。この本によると、**人々の人生最大の後悔は、「他人が自分に期待する人生ではなく、勇気を出して自分に正直な人生を生きればよかった」というもの。**この後悔には、お腹にガツンと蹴りを入れられた気がした。

誰かの最期の言葉が「本気で生きなかった」とか「生きたいように生きなかった」と伝えているなんて、あんまりではないだろうか？　次に大急ぎで考えたのは、一体どうすればここから学べるだろう？　ということ。

患者や友達や家族とおしゃべりしてわかったのは、どう生きるべきかを問うているのは私一人ではないことだ。誰もが自問していた。コロナという命を脅《おびや》かす事態が、眠っていた人々を揺り起こしたのだ。

みんな人生の苛烈《かれつ》なラットレースから顔を上げ、「大事なものは何だろう？」と考えていた。「私は、人生でやるべきことをやっているだろうか？」「いずれ社会に戻ったとき、何をすればいいのだろう？」と。

一つはっきりしているのは、**誰もが自分に正直な人生を送りたい**、ということ。でも、まじめな話……一体どうすればいいのだろう？「私、やるわ。幸せになる！」なんて、言うは易《やす》く行うは難《かた》しだ。車のバンパーステッカーや心に響く格言は、どんなに魅力的で、どんなにおしゃれな配色が施《ほどこ》されていようと、試練のときには役に立たない。

私は四六時中、勇気のある人たちと仕事をしている。だから、有意義な変化を起こすには勇気だけでは足りないことを知っている。人がセラピーを求めるときは危機的な状態にあることが多いけれど、しばらくサポートを受けると、たいてい困難に対処するすべを学んで、突然元気を取り戻す。そして、よくこんな焦《あせ》りを感じる。「もう気分がよくなったから、時間を無駄にしたくない。最高に充実した人生を送らなくちゃ」。

臨床心理学者として開業したての頃は、たやすいことだと考えていた。患者が何を大切にしているのかを解き明かし、大切なことに取り組む時間をつくるサポートをすればいいのだから、と。でも、この本に登場する事例からわかるように、また、みなさん自身の人生ですでにお気づきのように、そう単純な話ではない。そこには、数々の障害物が存在する。

**新しい挑戦のスタートラインに着くのを邪魔するハードルもあれば、あなたをよろめかせ、ゴールの手前で転倒させるハードルもある。**クリニックで目にするさまざまな事態に、「そもそも驚くほうがおかしい」と気がついた。私自身も、堂々めぐりのような道をぐるぐる歩んできたのだから。

そういうわけで私は、人生で身動きが取れなくなるあらゆる事態と、それを克服する方法を研究することに興味を抱いた。そして、人々がほとんど理解していない「五つの要素」があることに気がついた。**その五つの要素が、私たちが堂々めぐりをやめて、人生の手綱を握る邪魔をしている。**とはいえ、ロックダウン渦中のあの運命の日が来るまで、集めた情報を1冊の本にしようなんて、考えたことはなかった。

ほとんどの人は、「自分の価値観――大切にしていること――に基づく人生を送りたいなら、習慣に取り組めばいい」と考えているし、実際、本書もそこから始めようとしている。

ただし、それは初めの一歩にすぎない。

あなたに変化を起こす勇気があることを、私はすでに知っている。人生は変えられる——何らかの方法でよくなる——と信じる勇気がなかったら、この本を手に取るはずがないからだ。**これは、さらに先のステップへと歩を進める、あなたに伴走する本だ。**

先人たちの後悔から学ぶチャンスを提供することで、お芝居のように同じことを繰り返す人生ではなく、自分に正直な人生を選ぶサポートができればと願っている。

だからと言って、「人生の最期に後悔しなくてすむ」とは言わない。たとえ私がこの本のすべてを実践し、自分で選んだ生き方を全うしたとしても、人生の最期に振り返る時間をもらったら、少なくとも酔っ払った恥ずかしい一夜を思い出して身もだえするだろう。

でも、これだけは約束させてほしい。この本は、あなたが何を望んでいるか、そして、あなたのどんな行動がその足を引っ張っているのかを明らかにするだろう。ただし、その情報を活かすかどうかはあなた次第だ。

準備はできた？　では、始めよう。

第1章

# 習慣

## 第2章

# 発見的手法《ヒューリスティックス》



## 第3章

# 自己破壊《セルフ・サボタージュ》

第4章

# ドラマ

## 第5章 歴史

Chapter1

# Habits

# 習慣

第1章

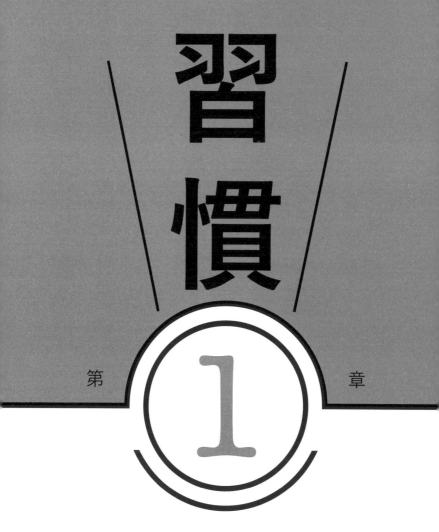

# 「たった1秒」で集中できる方法

## ――多筆の作家たちがやっている環境づくり

人権活動家で多くの作品を残した作家、マヤ・アンジェロウは、仕事の日は必ず朝6時に起きて、家の近くに借りた「ちっぽけでみすぼらしい」ホテルの部屋へ直行した。旅行バッグに聖書とトランプ、シェリー酒、そしてもちろん、筆記用具を詰め込んで。

6時30分に部屋に着くと、ベッドに横になり、身体を斜めに起こして、左肘をシーツの折り畳み部分に押し込むと、11時に最初のシェリー休憩《ブレイク》を取るまで執筆する。そのあとランチタイムまでまた執筆し、そこで書くのをやめて家に戻り、夕方5時まで仕事には一切目を向けない。翌日も、また同じサイクルで始める。

ホテルの部屋はアンジェロウのリクエストで、到着前にはすべての装飾品が撤去され、滞在中は、シーツの交換もされない。ゴミ箱だけはホテルのスタッフが空にしてくれる。つまり、毎日同じ環境が用意されていた。

近代を代表する作家の中には、私たちには突拍子もなく見える行動を取る人たちもいた。『レ・ミゼラブル』の著者であるヴィクトル・ユーゴーは、従者に自分の衣服をすべて持ち去ってもらい、「原稿を書き終えるまで返さないでくれ」と頼んでいた。そうすれば、仕事が終わるまで、ほかのことができないからだ。

また、『白鯨《はくげい》』の著者であるハーマン・メルヴィルは、執筆中は自分をデスクにしばりつけるよう妻に頼んでいたと言われる。こんな話をするのは、どちらも**人が何かに「はまり込む／抜け出す」方法**と関係しているからだ。

なぜ自制心が強い人がいるのだろう？　と不思議に思ったことはないだろうか？　新しい趣味でもベンチャービジネスでも、「やる」と宣言したら、本当にやり始め、脇目も振らずにやり通せる人がいるのはなぜなのだろう？

こういう人たちは遺伝子に、凡人が持たない秘密の特殊能力を備えているわけではない。*研究によると、彼らはただ**環境を整え、誘惑を回避しているだけ**だ。静寂の中や、殺風景で刺激のない部屋で仕事をしている。注意を引こうとしてくるものをいちいち撃退する必要がないから、集中できるのだ。

アンジェロウは、集中力を削《そ》ぐ邪魔なものを漏れなく排除した環境をつくった。その上、成し遂げたい仕事（この場合は執筆）と結びついた特異な環境を整えた。つまり、**その特異な環境に足を踏み入れると、アンジェロウの脳は「書け」と合図を出した。**ユーゴーとメルヴィルも、同じことをしていたと言えそうだが、最後の数週間に強硬手段を取らなくても執筆がはかどる状況をつくるコツは、つかめていなかったようだ。

＊ただし、適切なサポートがないと過集中になりやすいＡＤＨＤなどの神経多様性《ニューロ・ダイバーシティ》を持つ人の場合は別である。

私たちは作家になりたいわけではないし、ちっぽけでみすぼらしいホテルの部屋を借りる余裕さえないかもしれない。それでも、誰もがアンジェロウや、もしかしたらユーゴーやメルヴィルからだって学ぶことはできる。なぜかって？　どれも習慣の話だからだ。

## 習慣が人をつくり、習慣が人をあやめる

人間は、習慣の生き物だ。毎日同じ動作をして、繰り返しの人生を生きている。歯を磨き、朝のコーヒーを淹《い》れ、服を着替える。

どれも頻繁にしていることだから、自分の意志でしているつもりでいるが、実は強い欲求や

環境内の何かに引き起こされた習慣的な行動パターンに陥っているにすぎない。**1日に約16時間起きている人なら、選んで行動している時間は平均で8時間を少し超えた程度**だ。つまり、**80歳まで生きる場合、気をつけていないと32年間も夢遊病者のように生きることになる。**

言うまでもないけど、習慣は生まれながらのものではない。子どもの頃は、寝る前に何とかなだめられて歯磨きをしていたはずだ。本当はあと10分、オモチャやきょうだいたちと遊んでいたかったけれど。

強制されて繰り返すうちに、考えなくても毎日やれるようになり、「1日2回」と自分に言い聞かせるエネルギーを節約できている（おそらく、慌てて歯医者に駆け込む手間も）。

習慣はよいものだ。冒頭に登場したウィリアム・ジェームズは、習慣がなかったら、1日に一つか二つのことしかできないだろう、と考えていた。**習慣がなかったら、起きている間はずっと、何をするにも逐一考えなくてはならず、時間がかかって疲労困憊《こんぱい》してしまうだろう。**

たとえば、車の運転を学んでいたときは、必死で集中しなくてはならなかったし、何日か試験勉強をしたあとは、クタクタになっていたはずだ。学習には脳が望む以上の時間とエネルギーが必要で、常に試行錯誤を伴う。だから何度も言うように、疲労困憊してしまうのだ。

その人が何者かは、何を考えているかではなく、何をしているかで決まる、とよく言われる。それが本当なら、よくも悪くも、私たちは自分の習慣そのものだ。

ありがたいことに、ほとんどの習慣はエネルギーの節約になるばかりか、実際に役に立つ。習慣とは、人生でぶち当たる問題の解決策なのだ。

朝はどうやって目を覚ます？――コーヒーを飲む。

細菌にはどう対処する？――手を洗う。

好きな気持ちをどうやって伝える？――微笑《ほほえ》む。

習慣は、車を運転しながら会話するなど、同時に複数の作業をこなす手段でもある。

想像してみてほしい。

運転に必要なすべての情報――交通規則、車の操作の仕方、路上で他人の行動やスピードを読む方法――を一まとめにして、その一つ一つを無意識に把握できていなかったら、道路はどうなってしまうだろう？　大混乱に陥るはずだ。

一方、**習慣が人を危険な行為に走らせることもある。**すばやくメールをチェックしようと、運転中にスマホに手を伸ばしたことはないだろうか？　目の前の道路より、友達からの言葉に目を向けたことはない？　車の運転もスマホのチェックも習慣だから、大したことではない気がするだろう……ある日スマホを見ていて、最悪の事態に見舞われるまでは。

## 習慣のおかげでラクに暮らせている

習慣は生死に関わる重要なものにもなり得るが、習慣の中には、望み通りの人生を生きる邪魔をし、行き詰まった気分にさせるものもある。

たとえば、多くの人は目覚まし時計のスヌーズボタンを押し慣れているから、誰かに操られているかのように布団の中から手を伸ばし、うるさい音を黙らせる。そうしている自覚もないまま、百万回もうたた寝をしたことに気づくのは、1時間後に目を覚ましてパニックに陥るときだ。大慌てで服を着替え、玄関からダッと駆け出すも、朝一番の会議に思いきり遅刻する。

習慣のおかげで、私たちはラクに暮らすことができている。楽しい行動からやらなくてはならない行動へとスムーズに移行できるからだ。かと思えば、習慣のせいで、にっちもさっちもいかない気分になることもある。ほかの誰かにハンドルを握られたかのように、前に進めなくなるのだ。

**問題は、古い習慣を捨てて新しい習慣を身につけるのが難しいこと。**それには継続的な努力が必要だし、習慣の仕組みを深く理解していなくてはならない。

## ▼▼脱出のヒント①

本を読んでいて「なるほど！」と膝《ひざ》を打つ瞬間があったのに、内容を正しく要約するのに苦労した経験はないだろうか？ ついさっき読み終えたばかりなのに。

これは、ごく当たり前のことだ。**記憶には、高く評価したり、感情をかき立てられたり、詳《くわ》しく話したりした情報しか取り入れない**、というハードルがあることを思えば、なぜあっという間に情報が失われてしまうのか理解できるだろう。また、たとえ読んだ内容に感情を揺さぶられても、情報量があまりに多いと、脳はどの部分を覚えておくべきかを正確に特定できない。

その上、私たちはたいてい本を外づけのハードディスクのように扱っている。後日気になる箇所が出てきたら、また本を開いて調べればいいと知っているからだ。そういうわけで、記憶を助けるような行動を取らない。

本書では、みなさんが内容を思い出しやすいよう、「**脱出のヒント**」として、重要なポイントを提示していく。少しでも行き詰まりを感じたら、定期的にここに戻れるように。

また、**記憶力を倍にしたいなら、蛍光ペンを取り出すかページの角を折るかして、覚えてお**

**きたいポイントに印をつけておこう。**これは助けになる。

では、最初の「脱出のヒント」をお伝えしよう。

**・ほとんどの人は、毎日どんな行動を取るか自分で決めている、と信じている。何を食べ、何を着て、何をするかを新鮮な目で選んでいるつもりでいるが、たいていの場合、何も考えずに行動している。**

**・そこから抜け出す第一歩は、あなたを「なりたい自分」から遠ざけている習慣――そして、「なりたい自分」に近づくために身につけるべき習慣――を明らかにすることだ。**

# どのように習慣はつくられるのか？

## ――「つい飲んじゃう」原因はさまざま

### 助けて！　抜け出せない

「前回お話ししたときは言わなかったのですが、もう長い間、お酒をやめようとしては挫折しています。アルコール依存症だとは思わないので、やめられるはずなのですが、飲み続けています。お酒を飲み始めた理由はわかっています。これまでに何度も先生と話した人生の出来事に対処するためでした。でも、ああいった経験のつらさはもう乗り越えたつもりなので、それが飲酒を続けている理由ではありません。私の場合、ストレスが飲酒のきっかけになるという自覚があるので、呼吸のエクササイズや私によく効く対処法を使って日々のストレスを解消しようとしていますが、お話しした通り、やはり飲み続けています。幸い、お酒をやめようとしていることは誰にも話していませんが、もし知られたら、情けない人間だとバレてしまいますね。私はどうすればいいのでしょうか？」
——セラピーの再開を望む、元患者のサム（30歳）からのメール

サムは、ロンドン在住のテクノロジー企業の創設者だ。これまでに達成したことを箇条書きすれば、あなたも「素晴らしい！」と目を見張るだろう。

実際、多くの人が彼女に会った瞬間に、そう口にする。ある人は畏《おそ》れ多い気持ちから、別の人は功績をうらやみながら。そんなふうに思われるのが、サムは惨《みじ》めでならない。人からほめられるたびに、世間に見せている姿と、内心感じていることのギャップがふくらむばかりだからだ。「心の中はめちゃくちゃ」そうサムは感じている。

サムはこれまでに、何人ものセラピストに会った。一人目は不安を静めたくて、二人目は大きな破局のあとに。そして三人目は、二人目のセラピストが気に入らなくて、心の痛みに対処しようと別の人を求めた。その後、29歳のとき、気分が落ち込んで私のところへやってきた。

サムはそれまでのセラピー歴を「自分を一生懸命ケアして、人生の困難を乗り越えられた証《あか》し」だと言ったり、「私が壊れている証し」だと話したりした。

彼女はよくこれをやっていた。自分に自信を持ったかと思うと、激しくむち打つのだ。そこ

で私たちは、サムの意欲的なところと自分を責め立てるところ、その両方について時間をかけて話し合った。わかったことは、彼女が絶えず自分を痛めつける原因が、いくぶん生育環境にあること。そして、その生育環境が、仕事の成功も後押ししてきたことだ。

## サムを苦しめる「不安」の正体

**サムを駆り立てているのは根深い不安だった。**「もっともっと高く上らなくちゃ」という思いに駆られ、称賛を求める。最終的に「私もまあまあだ」と感じたいからだ。私たちは2年かけて彼女を理解し、前に進む方法を探った。そんなある日、「一人で進む準備ができた」と彼女は言った。内側から勇気がわいてくるのを感じ、自分が抱えているストレスや緊張を理解し、一人で対処する方法を身につけたのだ。あれは誇らしい瞬間だった。

そして1年後、お酒をやめるためにセラピーを再開したい、というメールをもらった。先ほどの文章は、そのメールからの抜粋だ。

心理状態を把握する査定《アセスメント》セッションをすると、多くのことが明らかになった。

第一に、サムは「人は苦痛への対処メカニズムとしてお酒に頼るので、お酒をやめたいなら、根本的な問題に取り組む必要がある」と信じていた。そうしなければ、お酒がやめられないばかりか、別の対処メカニズムに手を出して、さらに手がつけられなくなるからだ。「その通り」と私もうなずいた。

二つ目に、サムは、ストレスが飲酒の引き金になることも心得ていて、ストレス解消の努力をしていたけれど、お酒はやめられなかった。「なぜやめられないんだろう？」と、サムは首をひねっていた。心の奥に、セラピーで見つからなかった未解決の痛みが潜んでいて、それが飲酒の原因なのだろうか？

私はセラピストとして、「(一見) 明らかな理由がないのに現れる、行動の根底に何があるのかに興味を持ってほしい」と、人生の大半を費やして人々に訴えている。

サムはこれまでに四人のセラピストに会い、その全員からそう勧められ、今や達人の域に達している。私もこの挑戦を受けて立とうと思った。一体何が起こっているのか？ サムは、まだ自覚できていない何かと密かに闘っているのだろうか？ 社会の不安が関係している？ さまざまな考えがわっと頭に浮かんだ。

その日の遅い時間、患者の記録を書きながら、心理学者アブラハム・マズローの言葉にふと思いをめぐらせた。

「金槌《かなづち》しか持っていなかったら、何でもかんでも釘のように扱いたくなる」。英国国民保険サービス（NHS）で働いていた頃は、この言葉を付箋《ふせん》に書いて、デスクの上のパソコンに貼りつけていた。セラピストは「すべてのことに心理学的な深い意味がある」と考えがちだが、まったく違う何かが進行している場合もある、と思い出すためだ。**サムは「抜け出せない」と言う人たちの例に漏れず、古い習慣を捨てたがっていた。そして、行動の根底にある問題に対処しさえすれば、行動を変えられる、と信じていた。**自分で決めたことなのだから、と。

サムは、「意志の力」のわなにはまった、典型的な事例だった。

## 「意志の力」を当てにしてはいけない

研究者たちはいまだに、意志の力の仕組みを正確にはわかっていない。ごく最近まで、それは限りある資源だと考えられていた。タンク内のガソリンのように、意志はある時点で底を尽き、次の作業に使う分は残されていない（つまり、何時間も厄介《やっかい》な作業に集中したら、夜には意志の力が尽き果てて、もう誘惑に抵抗できない）と。

つい最近の調査によると、この説は正確ではない。**「意志の力には限界がある」と自分に言い聞かせると、疲れを感じ始めた途端にあきらめる傾向が強くなるという。**[1]研究者の中には、意志の力を感情と同じようにとらえるとよい、と言う人もいる。つまり、満ち引きがあるのだ。意志の力が備わっているときもあるので、備わっているときには使うべきだけど、当てにはできない、ということ。

また、**やる気は往々にして、行動したあとに生まれるものだ。**努力の成果が見えるとわきやすいが、行動より先にわき出すことはまれなのだ。

スランプから抜け出したいと、これまでに何度、意志の力に頼ってきたことだろう？

ソファから立ち上がってジムに行きたいとき。

自分にふさわしくないとわかっている元パートナーにメールするのをやめたいとき。今やっているZoom会議よりずっと面白そうな画面上のタブを無視したいとき。

パートナーじゃない人の唇が自分の唇のすぐそばをさまよっていて、「やっちゃう？」と言ってしまいそうな状況で、その人から離れたいとき。そして、それがうまく行かないことが、一体何度あったことだろう？

とはいえ、サムの場合は、意志の力だけに頼っていたわけではない。飲酒の根本的な原因に取り組み、賢く抜け目なく対策も取っていた。

サムもアンジェロウのように、目標達成の邪魔をする状況（サムの場合は、ストレスを引き起こす状況）があると気づいて、きちんと対処していた。それでも、アンジェロウほど完璧に、飲酒を引き起こすきっかけを根こそぎ排除してはいなかった……そして、そこに問題があった。

計画を誰にも伝えていないから、一緒に暮らしている人たちは、ディナーテーブルを囲んでワインを手渡しながら、サムを誘惑しているなんて思いもしなかっただろう。

多くの人と同じように、サムも気づいていなかった。**習慣的な行動は、環境からの視覚的なきっかけや内的なきっかけ（身体感覚や経験）によって、自動的に引き起こされる。**

サムが知らなかったのは、飲酒のきっかけがストレスだけではないことだ。きっかけは、ありとあらゆる場面に転がっている。ストレス、仕事が完了したこと、仲間と会ったこと、いつもの帰り道、キッチン、ディナーテーブル——すべてが飲みたい気分にさせる。そして、たいていの場合、欲求が勝利をおさめる。

サムの飲酒には、まだ自覚していない、深い心理的な原因などなかった。本人が主張する「意志が弱いせいだ」というもう一つの説も、間違っていた。**問題は、サムが環境を変えなかったことだ。**サムは、カジノに腰を下ろしながら悪い習慣を蹴散らそうとしているギャンブラーのようなもの。

サムと私が最初に取り組んだのは、意志の力と習慣形成の科学について学ぶことだった。では、一緒にこの科学をマスターしよう。そうすれば、サムが陥ったわなを回避できる。

## 習慣の多くは一度形成されれば一生続く
### ――毎朝のルーティンを欠かさない認知症患者

私がアニーとジョンに出会ったのは、2012年に介護施設でアシスタント心理学者として働き始めた頃だ。二人は80代で、アニーはアルツハイマー病を患《わずら》い、ジョンは重度の脳卒中の後遺症で認知機能障害を抱えていた。

アニーは優しくておしゃべり好きで、髪や服装は乱れがち。ジョンはよそよそしくて控えめなタイプだった。二人とも孫の名前や、その日何を食べたかを伝えることはできなかったから、経験不足の私は、彼らは自分が何者なのかすっかり忘れてしまったのだろう、と考えていた。

それから数週間のうちに、私は気づき始めた。アニーは1日に何度もほかの入居者の様子をチェックして、「調子はどう?」と尋ね、マグカップやタオルを持ってきてあげる。ジョンは毎朝8時30分にきちんとした服を着て、適当に組み合わせた紙を持ち、意味ありげにドアのほうへ歩いていく。

新米の私には何が起こっているのかわからなかったから、施設のスタッフが教えてくれた。アニーはかつて病棟のナースをしていて、ジョンは堂々たる企業のCEOだった。**最近の出来事は覚えていないけど、習慣は二人に深く刻み込まれていた。**

ある行動を繰り返すのは、同じ場所を歩き、古い足跡をそのままたどっていくのと同じだ。行動が習慣に変わる頃には、同じ景色を見ながら踏み固められた道を歩いている。生まれてこのかた、こんなふうに神経経路を築き、行動を繰り返すたびに溝や渓谷をどんどん深くしてきたことを思えば、なぜ習慣がこうも深く刻まれ、簡単に抜け出せないかがわかるだろう。要するに、あなたは「習慣のグランド・キャニオン」なのだ。

**習慣とは、こういうものだ:**

■ **きっかけ**（あなたが見たり感じたりするもの）
↓
■ **衝動**（あなたは自覚していたり、いなかったりする）
↓

■**習慣的な行動**

↓

■**解決**（望み通りの結果が得られる）

**驚いたことに：**習慣の多くは、あなたが死ぬその日まであなたから離れない。だから「自転車に乗るほどたやすい」などという表現があるのだ。かつて習慣にしていた行動から何年離れようと、また簡単にこなせる。ペダルを漕《こ》いで無事に目的地へ向かったのが、まるできのうのことのように。

**恐ろしいことに：**習慣の多くは、あなたに害をなすものでも、もう楽しんでいないものでも、あなたが死ぬその日まであなたから離れない。そう、それを変える時間を、積極的に取らない限り！

**習慣がいったん深く刻まれると、本人が望もうが望むまいがそのまま継続される。**喫煙にしても、快感を覚えなくなっても、やはりニコチンの刺激を求めてタバコに手を伸ばしてしまう。これが強い習慣の証しだ。動機がなくなっても揺らぐことはない。

**心に留めておく必要がある。どんな習慣も長く続ければ続けるほど、そして、その体験が本**

**人にとって精神的に大切なものになればなるほど、それを引き起こすきっかけの数も増える。**その習慣の前後に訪れる場所や取る行動のすべてが、習慣と結びついているからだ。

あなたも長くつき合った恋人と別れて、何を見ても何をしてもその人を思い出してしまった、という経験はないだろうか？　歌、カフェ、よく晴れた朝、雨の降る夜、その人が笑っていたジョーク、あきれ顔をしていたコメント。そうなるのはよく理解できるだろう。その人が自分の人生のあらゆる場面と結びついているからだ。

ところが、習慣となると、人はなかなか同じようには考えない。人生のどれほど多くの場面が、自分のパターンを引き起こすのかがわかっていない。

つまり、サムの場合は、**やめたい行動を引き起こしているきっかけに気づく必要があった。そうすれば、人生から排除できる。**あなたも、この本で学んだことを人生に活かすなら、やめたい行動を引き起こしているきっかけを見落としていないかに、興味を持つ必要がある。そうすれば、先手を打つことができる。

- **意識を向けよう**：この本で話しているあらゆる要素を明らかにし、克服するための核《コア》となるスキルは、「今起こっている経験に意識を向けること《マインドフル・アウェアネス》」だ。**「STOP」の手法**は、それを実践する手っ取り早く簡単な方法だ。

**実践法：1日に何度も、周期的にスマホのアラームが鳴るようセットしよう。**アラームが鳴ったときや、強烈な感覚・感情に気づいたときは、Stop（やめる）――今していることをやめて、Take three breaths（呼吸する）――3回呼吸し、Observe（観察する）――自分の感情を観察し、床に足をつけて地球のエネルギーとつながり《グラウンディング》、Proceed（進む）――リラックスする時間を取ってから、今後どうしたいか進路を選ぼう。もしくは、アラームが鳴ったときに、自分に尋ねるのもよいだろう。「私は今、何をしているんだろう？ なぜこんなことをしているんだろう？ これは、今後も続けたいことだろうか？」と。

- **これを使って、習慣ときっかけに気づこう**

今から48時間、自分が繰り返している行動に細心の注意を払ってほしい。その行動を取る直前に、何が起こっていたか？ その行為をやり遂げたい、という衝動は、どんな感覚だったか？ あなたは、きっかけに気づいていたか？ それとも、気づいたときにはもう行動していたか？ 行動のあとはどんな気分だったか？ 先ほど学んだ「習慣のループ」

に気づいただろうか？　まだ何も書き出す必要はない。あとで書く予定だから。今はただ、自分の行動に注意を払ってほしい。

## ▼▼脱出のヒント②

・生涯続く習慣の持久力は、長所でもあり不幸の種でもある。つまり、人は新しい習慣を身につけるとき、古い習慣を消し去って、新しい習慣に置き換えるわけではないのだ。だから、新しい道をつくるときは、それを支える環境をつくる必要がある。

# よい習慣VS.悪い習慣

## ——「先延ばしは残酷な愛人だ」

人は、よい習慣、悪い習慣という言葉を使う。こうした言葉が役に立つのは、「よい」「悪い」という言葉にくっついた道徳的な判断をはぎ取って、「自分の人生にどんな影響を及ぼすか」という観点から見る場合だ。

**よい習慣とは、「なりたい自分」にふさわしい、「なりたい自分」に近づけてくれる行動のことで、悪い習慣とは、自分を目標から遠ざけてしまう行動**のことだ。

お酒の飲みすぎは通常、悪い習慣と見なされるし、サムの場合は、実際に人生に悪影響を及ぼしていた。とはいえ、1日にほんの1杯たしなむくらいなら、何の害もない楽しい気晴らしかもしれない。それより、大事な仕事があるのに先延ばししているほうが、あなたの将来を大きく傷つけるだろう。

そう、人によっては、飲酒よりも先延ばしのほうが破壊的な習慣だと言える。現時点では、そう感じないかもしれないが。仕事をしないでスマホをチェックするのは、どれくらい悪いことだろう？　それほど悪いことだと感じないかもしれないが、今日10分間、明日も10分間……と毎日1年間続けたらどうなるだろう？　合計3600分、もしくは60時間――8時間労働の7日分以上――を先延ばしに費やすことになる。

**人間は全体像を見たり、ささやかな行為の累積効果に目を向けたりするのが苦手だ。**

冷たい水を張った鍋にカエルを入れて、ゆっくりと1度ずつ水温を上げていったら、カエルは手遅れになるまで生きたままゆでられていることに気づかない。恐ろしい図だけれど、残念ながら、新しい習慣に取り組むのを先延ばしにしているあたり、私たちもみんな、ちょっぴりゆでガエルに似ている。

先延ばしの習慣のループ

■**新しい／大変な／複雑な行動を取ることを考える**

↓

■**イヤな気分になる**（きっかけ）

↓

■ **イヤな気分を回避したい衝動に駆られる**（衝動）

↓

■ **「1日延ばしてもいいかな？　明日やろう」という考えや、別の活動に手を伸ばす行為が生まれる**（反応）

↓

■ **イヤな気分が消える**（解決）

18世紀のアメリカの有力な神学者、ナサニエル・エモンズは言った。「習慣は最高の召使いか最悪の主人のいずれかである」。それなら私は、「先延ばしは残酷な愛人だ」と言いたい。「先延ばししたほうが楽しいし面白いし、目の前のつらい仕事から逃れられるよ」と誘惑してくるけれど、楽しくて面白いことが、仕事の締め切りを延ばしてくれるわけではない。

多くの場合、**「悪い」習慣が身につくのは、私たちが「一時しのぎ」を求めるからだ。**スヌーズボタン、スマホのスクロール、ネットフリックス。どれもこれもやらなくてはならない退屈でつらい仕事より、今この瞬間は楽しい行為だ。そして、もうおわかりのように、どんな習慣も長く続ければ続けるほど、その行為と結びつくきっかけの数が増え、抜け出すのが難しくなる。

たとえば、長い1日の終わりにリラックスしようとソーシャルメディアをスクロールしたり、テレビを観たりしていたら、そのうち、ストレスを感じたり、退屈したり、困惑したり、イライラしたり、疲れたりすれば必ず、スマホやテレビのことを考えるようになる。

そして、ある日突然ハッとするのだ。仕事を終えることよりも、画面を見ることを優先させている、と。**いつの間にか「一時しのぎ」があなたの人生を何時間も奪って、日々の仕事の達成能力を少しずつむしばんでいく**のだ。

これを読んで、「どうしよう！　僕もやってる」と思ったなら、私も同じだ。誰もがやっている。自分を恥じたところで、行動変化につながる解決策は出てこない。たいていそれは、さらなる苦しみへの片道切符だ！

だから、ネガティブな独り言（これも悪い習慣！）はやめて、私についてきてほしい。この章が終わる頃には、何をすればいいかわかっているはずだから。

また、**「私の先延ばし癖は、生やさしいものじゃない」と感じている人には、第3章がお勧めだ。**その自滅的な行動の根底に何があるのか、解き明かす助けになるだろう。

## 自分のよい習慣と悪い習慣を知る

1. 自分に尋ねよう

あなたが行き詰まりを感じているのは、よい習慣をなかなか始められないから？　それとも、悪い習慣に邪魔されて「なりたい自分」になれないからだろうか？　どちらの問いにも、若干うなずいたのではないだろうか？　よりよい習慣が身につかないのは、たいてい（やるべきことを翌日に延ばす、スケジュールを詰め込みすぎる、といった）悪い習慣のせいだからだ。

2. 将来どんな人間になりたいのか考えよう

まだはっきりしたイメージがわかないなら、**第2章（141～146ページ）の「価値観のエクササイズ（自分を知るための8ステップ）」に取り組もう。そして、巻末の「付録1」の最初の二つの質問に答え、欄1と欄2に記入しよう。**これを飛ばしてはいけない。このエクササイズがよい習慣を身につけるのに大きな意味を持つのは、**意欲はアイデンティティから生まれる**からだ。

私の場合、この本を執筆する意欲がわいたのは、「情報を分かち合う心理学者」が私のアイデンティティだからだ。街で軽犯罪を犯した人を追いかける意欲がわかないのは、警察官ではないから。あなたの「なりたい人物」がどんな価値観を持ち、どんな価値観に従って生きたいのか、書き出してみよう。

## 内側からの「ご褒美」があなたを行動に向かわせる

ここまでに、習慣は（作業を終わらせる、嫌な気分を紛らわすなど）解決を図るために形成される、と学んだ。たしかにその通りだが、話はもう少し複雑だ。

解決は、（脳を刺激するニコチンの快感や、好きな人に笑顔を向けられる胸のときめき、といった）神経系に影響を及ぼす物質だったり、（大変なプロジェクトのあとに昇進するような）現実的なご褒美だったりもする。

ご褒美に関して言えば、**満足感や目的意識、気分の著しい変化といった内側からのご褒美のほうが、お金のような外側からのご褒美よりも、新しい習慣を形成する助けになりやすい。**

人はご褒美が大きければ大きいほど、それが早くほしくなるので、その行為を繰り返しやすくなる。

私の患者のアニタはチャレンジ精神旺盛で、「やることリスト」や効率化の裏技《ライフハック》のたぐいが大好きだが、パニック発作を起こすようになって、「もう死ぬかも」「頭がおかしくなりそう」と感じるようになった。これは、パニック発作を経験した人なら、イヤと言うほど知っている感情だ。

アニタは、早速行動を開始した。オンラインで不安と闘うブログをむさぼるように読み、呼吸やグラウンディングのエクササイズなど、科学的に裏づけられたさまざまな対処法を試した。でも、どんなに頑張っても、パニックは治まらなかった。

アニタがセラピーに来たとき、パニックを克服する方法を見つけようと果敢に取り組んできた姿に、胸が熱くなった。パニック発作の経験者として、それがどれほど恐ろしい症状かを知っているからだ。私は発作が始まると、ただベッドにもぐり込んで、誰でもいい、何でもいいから「この痛みを取り除いて！」としか考えられなかった。

アニタは、やるべきことをすべてやっていた。ただし十分に、とは言えなかった。何かを試して「効果がない」と思うと、すぐ次に移っていたからだ。

いや、批判しているわけじゃない。こうしたスキルを初めて試すときは、いつもは必死で見ないふりをしている感覚に注意を払うので、病気の症状が強く出てしまいがちなのだ。

頭の中で響くアラームの音も大きくなって、脳が自分にこう叫んでいるような気がする。

「お前は石油火災を水で消そうとしてる！」「家を全焼させたくなければ、今すぐやめろ！」。

でも、それは間違ったアドバイスだ。本当に不安に対処しているなら、そうしたエクササイズは、少なくとも解決策の一つだからだ。とはいえ、アニタに説明したように、**エクササイズには、それが習慣になるまで全力で取り組まなくてはならない。不安をやわらげる必要が生じたとき、さっと実践できるように。**

アニタも、最初は苦労した。忘れずに呼吸のエクササイズをするのは面倒な上に、症状がすぐさま改善したわけではなかったので、この新しい習慣づくりにせっせと取り組むほどのご褒美は見出せなかった。それでも、彼女はエクササイズを続けた。**「やることとリスト」に従って1日5回、スマホに通知の設定をして。**

そんなある日のこと。呼吸のエクササイズをした途端に、パニックがすーっと治まった。そのとき体験した安堵感（内側からのご褒美）に背中を押され、アニタはますます一生懸命エクササイズをするようになり、やがて、呼吸のテンポを落とした途端に、リラックスできるようになった。

ご褒美の感覚が内側からわき起こり、エクササイズと結びつくのには時間と忍耐が必要だったけど、いったん結びつくと、**ご褒美はさらに強力に、すばやくわき上がるようになって、ようやく習慣になった。**先ほど話した通り、やる気は往々にして行動したあとに生まれるもので、行動より先にわき出すものではないのだ。

## 「一番つまらない仕事を最初に片づける」ための仕組み

効率アップの機会を絶対に見逃さないアニタは、1ヵ月ほどのちに「学んだことを人生のほかの場面でも活かしてるの」と話してくれた。

アニタは自営業者だが、クライアントに請求書を送るのがいつも遅れがちだった。忘れないようリマインダーをいくつセットしても、無視してしまったりで、請求書の送付は決して習慣にならなかった。「どうしてだろう？」と彼女は自問した。「金銭的な動機があるから、習慣化できそうなのに」。

できない理由はいくつも考えられるけど、アニタの場合は、クライアントが支払うまでにかかる時間――請求書を送ってからお金を受け取るまでに、少なくとも1ヵ月はかかること――が、ご褒美と行動をきちんと結びつけられない理由だった。**即座に手に入る明確なご褒美がないから、請求書を送る行為は面倒な作業のままで、預金残高が少なくなってはじめて慌てて取りかかるのだった。**

その行動を変えるためにセッションで決めたのは、請求書の送付を習慣にしようと努力することではなかった。**同じく請求書の送付が嫌いな友人と、毎週「進捗報告の電話」をかけ合うことだった。**その際、アニタが設けたルールは、一番つまらない仕事――二人にとってはもちろん、請求書の送付――を最初に片づける、というもの。

時間が経つうちに、「一番つまらない仕事を最初に片づける」のは二人の習慣になった。こうしてアニタは、請求書送付の問題を克服した。『習慣の力』（早川書房）の著者、チャールズ・デュヒッグが「**要の習慣**」と呼ぶものを身につけたのだ。

それは、ほかのすべての行動にじかに影響を及ぼす、包括《ほうかつ》的なテーマとして働く習慣だ。「要の習慣」のほかの例を挙げるなら、「誠実な行動を取る」というのもある。これは、あらゆる人間関係に波及効果を及ぼす習慣だ。

あるいは、「目覚めたときに1日の詳細な計画を立てる」。そうすれば、次の24時間の思考と優先順位を整理できる。また、「定期的に瞑想する」。これはあなたの気分とレジリエンス全体によい影響をもたらすだろう。

**習慣についての結論：**その作業がこなしやすいもので、行動してからあまり時間をおかずにわくわくするようなご褒美がもらえるなら、習慣化できる可能性が高い……そのうちに。残念ながら悪いニュースもお伝えしなくてはならないが、**習慣化にかかる時間は、おおむね2週間**

**半〜9ヵ月だ。**[2]

今お話ししたように、習慣化するスピードには多くの要素——作業の簡単さ、実践する頻度、ご褒美の大きさなど——が絡んでいる。ただし、中には——請求書送付のように——ひたすら退屈な作業もあるから、たださっさと取りかかって、つらい作業をこなすしかない場合もある。

## ▼▼脱出のヒント③

**・自分が個人的に、何をご褒美だと感じるかを知る必要がある。あなたと私はおそらく、まったく同じ習慣を身につけてはいないだろう。同じ物事をご褒美だと感じるとは限らないからだ。経験から言えば、最速で習慣化されるのは、ご褒美が大きくて、即座に感じられる場合だ。**

# 自分の意思では対処できない「大物」の退治法

## ——悪い習慣を行ってしまった自分を責めない

残念ながら、**人生においてとてつもなく速く、とてつもなく強力なご褒美をくれる多くのものは、長い目で見るとあまりよろしくないもの**だ。

コデインやコカインやヘロインのような薬物の依存性が強いのは、身体が受け取る生物学的な刺激があまりに強くあまりにすばやいため、数日のうちに習慣化が始まるからだ。

とくに、受け取るご褒美が生物学的な刺激だけでなく、孤独感や恐れや悲しみからの解放の場合はなおさらだ。依存症の隠れた深刻な原因の多くは、心の中にある。

コカインやアルコールのような物質を常用していると、依存症になるだけでなく、DNAの変化も起こりかねない。たとえば、**遺伝子にもともと備わる、習慣形成能力を抑制するブレーキが外されてしまうこともある。**[3] そうなると、習慣的な行為にふけりやすくなる。「私のことだ」と思った人も、心配は要《い》らない。この本のアドバイスが役立つからだ。新しく健康的な習慣を身につけて、今はまり込んでいる習慣から抜け出すことはできる。ただし、脱出方法を慎重に計画する必要があるだろう。専門家の助けが必要なら、まさにそのために設立された依存症の支援チームも存在している。

## なぜポテトチップスを食べる手が止まらないのか

最近の大物は、薬物だけではない。「より大きく、より優れた」刺激に、あらゆる場所で出会える。英国では4分ごとに1トンのポテトチップスが消費され、マクドナルドの1日の来客数は380万人に上る。[4] こうした数字が高いのは、**これらの食べ物が脳の「報酬中枢」を乗っ取るようにつくられている**からだ。ポテトチップスはバリバリ音を立て（研究によると、音が大きければ大きいほど、人はたくさん食べる）、すばやく風味を伝えるようにつくられている。だから、ポイと口の中に放り込んだ瞬間に、化学的な刺激を食らう。

同じように、マクドナルドのフライドポテトは口の中で瞬時に崩れるようにできているから、未加工食品にはできない速さで、塩味を舌の味蕾《みらい》に大量に届けられる。かじった瞬間に、ご褒美をくれるのだ。

不思議に思ったことはないだろうか？　なぜセロリをかじったり、おいしいステーキを食べたりしても、歯止めがきかなくならないのに、（私自身を含む）多くの人が、ポテトチップスやフライドポテトを食べると、止まらなくなるのだろう？

理由は、**自然のものは、私たちをとりこにするようにできていない**からだ。セロリは人間が食べようが食べまいが気にしないし、牛は冗談抜きで、食べないほうがうれしいだろう！　私たちのために存在しているわけではないからだ。けれど、食品メーカーは人間の反応を大いに気にしている。私たちが商品をほしがらなければ、お金がもうからないからだ。

ニコチンの中毒性については誰もが知っているが、**タバコを吸ったときに神経化学的な変化が起こるまでには、6〜10秒かかる。でも、舌の上に塩か砂糖を放り込んだ場合には、0・8秒ほどしかかからない。**[5]多くの人はポテトチップスの袋やマクドナルドのロゴを見た瞬間に、習慣のスイッチが入って、まるでゾンビのように大好きな食べ物に近づき始める。

産業界は、私たちの欲望を乗っ取ることができれば成功する。ファストフードやソーシャルメディアやポルノは街中の何よりも速く刺激をくれるから、何よりも人々をとりこにしやすい。そして何よりも、本物の食べ物や、本物の人間、本物の官能やセックスに不満を抱かせやすい。どれもこれも、そうした商品ほどの刺激を与えられないからだ。そうした商品はまた、おおむね大企業に支えられている。彼らはこれからも、私たちがよその商品にを手を伸ばさないよう何百万ドルも注ぎ込んで、さらにすばやく刺激を提供してくるだろう。

## ついスマホをチェックしてしまうのは、あなたのせいではない

ご褒美に関してわけがわからないのは、私たちが、着実なご褒美よりも予想外のご褒美に猛烈に意欲をかき立てられることだ。だから**ソーシャルメディアは、「いいね」や「保存」といった本人の力ではどうしようもない機能を使って、あなたの行動を断続的に強化するつくりになっている。**多くの人が、メールを送ってきたあと音信不通になって、また何の前ぶれもなくふらりと戻ってくるような人に魅力を感じてしまうのも、同じ理由からだ。

要するに、悪い習慣から抜け出せないのは、人生でやりたいことの邪魔をする習慣を進んで身につけてしまったからだ、という場合もあるが、自分にはどうしようもない理由で立ち往生している場合もある。

習慣とは何か、どんな仕組みなのかをしっかり理解すれば気がつくだろう。私たちが「人生の邪魔をする」と考えているほとんどの事柄――スマホのチェック、スーパーのお菓子売り場への寄り道、仕事中のオンラインショッピングなど――は、それ自体が悪いわけではない。**はまるつもりがない習慣のスイッチを入れるのは環境、もしくは退屈や渇望といった私たちの心の状態なのだ。**

これをお伝えする理由の一つは、よしとしていない習慣から抜け出せない自分自身に思いやりを持ってほしいからだ。そして、二つ目の何より重要な理由は、習慣を変えると決めたら、環境（環境が提供するきっかけやご褒美）について考えなくてはいけない、とわかってもらうためだ。

**イヤなのにやめられない習慣がある人に、とくに伝えたいこと：**イヤなのに続けている習慣に気づいても、落ち込む必要はない。

すでに学んだように、強力な習慣は、本人がもはや楽しんでいなくても続いてしまいがちだ。では、どうすればいいのだろう？

セラピーでは、**「マインドフルネス」の手法**［訳注：今起こっていることに意識を向けて、心を落ち着ける瞑想の一つ］**を使って、もうやりたくない習慣の実際の体験に注意を払ってもらう。**そうすれば、時間と共に、その行為との新しいつながりが生まれる。

喫煙を例に取ってみよう。タバコをやめたいなら、つい吸ってしまったときのその体験に注意を払ってほしい。タバコを吸っているとき、口はどんな感覚だろう？　頭はどんな感じ？　吸い終わったあとには、どんな気分になる？　よい悪いの評価は下さず、証拠集めを始めてほしい。あなたは喫煙を本当に楽しんでいるのだろうか？　それとも、胸がぎゅっと締めつけられて、頭がふらふらしている？　記録をつけて、気づいてほしい。

**時間が経つにつれて、脳はゆっくりときっかけや欲望を、あとで感じた「ちょっと待って……やっぱりもうこんなことしたくないかも」という思いと結びつけ始める。**これは時間のかかるプロセスだが、効果がある。

## 悪い習慣に対処し、よい習慣を取り入れる

・「付録1」に戻って、欄3に悪い習慣にふけるきっかけを書き込もう

あなたがスマホに手を伸ばすのは、退屈だからだろうか？　それとも寂しいから？　実際に目の前にあるから？　ソファに座り続けて次の行動に移らないのは、身体が疲れているせい？　あるいは、1話が終わると、ネットフリックスが自動的に次の話を放映するから？　思いつくすべてのきっかけをリストにしよう。

リストを読んで、環境から排除できそうなきっかけにはすべて丸をつけ、どのように排除するかを書き出そう（たとえば、自分にふさわしくない元パートナーにメールし続けているなら、そろそろアドレスを消すべきではないだろうか？）。

・欄4に、どんなご褒美や解決を求めて、それぞれの習慣を続けているのかを書き込もう

衝動に負けてその行為にふけったあとに体験するのは、安堵感？　それとも、何らかの心の状態を解消できるのだろうか？

・欄5に、同じ解決を得るためにできる活動をリストにしよう

それが最終的に、代わりの新しい習慣になるかもしれない。たとえば、「断酒会」に参加する人には、アドバイザーがつく。飲酒したくなった瞬間に、新しい行動を取る（誰かに電話をかける）ことができるように。そのニーズを満たすために、あなたは新たに何をするだろう？

この欄を飛ばしてはいけない！　**計画した行動を書き出すと、目標達成の可能性が42パーセントも上がる。**[6] そして、さらに重要なのは、別の行動に置き換えずに習慣を排除しようとすると、次のような状況を生み出してしまうことだ。

1）「やろうか？」「やめようか？」という脳内のバトルにはまり込む可能性が、かなり高くなる。すると、たいていの場合、心の声を静めたいばかりに、また悪い習慣に戻る。

2）別の選択肢を用意せずに、転落防止《セーフティ》ネットを外すことになる（思い出してほしい。多く

の悪い習慣は、孤独感や悲しみや恐れといった感情をやわらげる働きをしている)。そうなると、気分をよくするためにさらに強力なものに手を伸ばしたくなる。

3)すでにお話しした「習慣のループ」(きっかけと結果を含む行動パターン)を活用するチャンスを逃すことになる。だから、ぜひこのエクササイズに取り組んでほしい。

・欄6には、今後身につけたい「よい習慣」を記入し、欄8には、その新しい行動にどんな**ご褒美を与えるかを記入しよう**

外側からのご褒美と内側からのご褒美を考えること。たとえば、運動のあとに、仲間とコーヒーを飲むのをご褒美にするだけでなく、やり終えたあとに、どんな気分になるかに注目しよう。ランニングに出かけたら、誇らしい気分になるだろうか? 翌日は、たっぷり朝寝坊しても構わないことにする?

新しい行動を繰り返す前に、自分に言い聞かせよう。**「私は今から「新しい行動を記入しよう」をする。そして、やり終えたあとには、「この活動から得られるご褒美や気分、もしくは、これが未来の自分にどう貢献するかを記入しよう」を感じるだろう」**と。スケジュール帳に活動を書き足すときは、自分が感じる気分も書き加えることにしよう。

・しばらく活動したあとで、時折のご褒美を計画しよう

たとえば、友達とランニングしているなら、ランニングのあとにどんな活動をするかを交代で決め、時には何もしないこともよしとしよう。ただし、ご褒美を決めた人は、ご褒美の活動が始まるまで内容を相手に伝えないこと。

・新しい活動を始める前に、自分にご褒美を与えないこと

そうしたくなる気持ちはわかる——私も時々、座って執筆を始める前にInstagramで子犬を見たり、やる気を出そうと、先においしいコーヒーを淹れたりしてしまう。これがよくないのは、**すでにドーパミンでハイになった状態で仕事を始めると、たとえ新しい活動にやりがいを感じても、その刺激はすでに感じている気分と大差ない。つまり、あなたを夢中にはさせられない。**

覚えておいてほしい。コカインが人々をとりこにするのは、ご褒美が自分で生み出せるどんなものよりも強力だからだ。Instagramやコーヒーを楽しんではいけない、とは言わないが、まずはその活動に、あなたの士気を高めるチャンスをあげてほしい。

## ジムで使うシューズを用意してベッドのそばに置く

さて、アニーやジョンと過ごしていた時期に話を戻そう。アニーはアルツハイマー病、ジョンは脳卒中の影響で記憶力が低下していたけれど、早起きしたり周りの人たちを助けたり、古い習慣を実践していた。同時に、施設に入ってから学んだ新しい活動も行っていた。

私は目を丸くした。なぜそんなことができるのだろう？　新しい習慣を身につけるには、間違いなく記憶力が必要なはずなのに？　いや、そうではないのだ！

施設の入居者の中には、自分で服を着たり、近所のお店に行ったりを「誤りなし学習《エラーレス・ラーニング》」というプロセスを通して学んでいる人たちもいた。これは、何らかのスキルを、ミスが生じる直前に止めながら、一歩一歩段階的に教えていく手法だ。これがうまくいくのは、習慣と記憶は、それぞれ脳の別の領域が司《つかさど》っているからだ。習慣に関わる領域が損なわれていない限り、習慣を学ぶことはできる。鍵になるのは、繰り返し行うことだ。

この本の調べものをしているとき、スタンフォード大学神経生物学科の准教授、アンドリュー・ヒューバーマンがホストを務めるポッドキャスト、「ヒューバーマン・ラボ（Huberman Lab)」を聴いた。ここで議論されていた事例があまりに珍しいので、耳にして以来、頭から離れなくなった。研究者たちが昔から知っていたのは、2匹のマウスをチューブに入れると、片方がもう一方を押し出してしまうこと。

もう一つ知られていたのは、どちらが勝つか賭けるなら、支配的で強いほうのマウスか、先ほど勝ったばかりのマウスを選ぶべきだということ（どんな動物も勝つと勢いづいて、さらに頑張って次もまた勝とうとする）。ところが2017年、研究者たちは、勝者を生み出す別の方法があることに気がついた。

動物の大きさも男性ホルモン「テストステロン」の値も、前回勝ったか負けたかも関係ない。**脳の背内側前頭皮質を刺激すればいい**のだ。ここは、ある作業に投入する労力の量を、費用対効果分析をもとに判断するときに使う脳の領域だ。[7]

実験ではマウスのグループを、一角だけを赤外線灯で暖めた狭い空間に入れた。残りの床は氷のように冷たい。すると、背内側前頭皮質を定期的に刺激されていたマウスは、ほかのどのマウスよりも赤外線灯に近づいた。脳への刺激が、被験者のマウスをスーパーマウスに変えたわけではない。ただ忍耐力を強化しただけ。このマウスは、ほかのマウスより強かったわけでもない。ただほかのどのマウスよりも、目標に到達しようと努めただけだ。

あなたはもちろん、赤外線灯に近づこうとするマウスではなく人間だ。もし私と似ているなら、目標を達成するのに必要な力もスタミナも、少々不足しているかもしれない。

でも、これが心に響くなら、あなたは成功への第一の秘訣をすでに手にしている――**新しい行動を何度も繰り返し、押し戻しに抵抗すれば、目標は達成できるのだ。**

先ほど「ある行動を繰り返すのは、同じ場所を歩き、古い足跡をそのままたどっていくのと同じだ」と話したのを覚えているだろうか？　今回は、背の高い作物が生い茂る畑にいる自分を思い浮かべてほしい。畑の真ん中には、一本の小道が通っている（これがあなたの古い習慣を表している）。この小道があるのは、あなたが何度も何度も歩いたからだ。作物を踏みつけ、押しつぶすことで、畑を横切るすっきりとした通路ができた。

しかし、あなたは今、この小道を通らないと決めた。別の道を行きたいからだ。

そこで、背の高い作物の中を歩きだしたものの、なかなか大変だ。もしかしたら、あきらめてしまうかもしれない。作物の抵抗は思いのほか強く、「古い小道に引き返したい」という衝動もそれに輪をかけて強いからだ。でも、もしかしたら、作物をかき分けて進んでいけるかもしれない。この道を行くのがいつもの道よりどんなにつらく、どんなにあっという間にクタクタになってしまうとしても。

もし向こう側にたどり着けたなら、素晴らしい！　100点満点だ。では、今歩いてきた道をイメージしてほしい。その道は、目に見えるだろうか？　いつも歩いている小道と比べたら？　きっと新しい小道は、古い小道ほどはっきりとは見えないけれど、何らかの痕跡は残っているだろう。探せばまた見つけられるけど、探しづらいはずだ。

要するにこれが、習慣を変えようとするたびに私たちがしていることだ。抵抗に遭うし、すぐ疲れるし、疲れた途端にあきらめたくなる。

つまり、**新しい行動を何度か繰り返せば、動作やスキルを記憶する「手続き記憶」はできるけれど、習慣として身につくにはまだ程遠い状態だ。**

考えてみてほしい。新年の抱負を掲げて数週間取り組んだものの、あきらめてしまったことが一体何度あるだろう？「休日前に運動する」「トライアスロンをやる」なんて目標を立てても、やり遂げた瞬間にやめてしまうのがいつものパターンではないだろうか。お金の無駄遣いや飲みすぎをやめたいと何日か自制しても、また戻ってしまったのでは？　これはごく普通の現象で、粘り強く取り組めば克服できることなのだ。

面白い事実：習慣がより短期間に身につくのは、「実行の習慣」ではなく「扇動の習慣」づくりに重点を置いたときだ。[8] 端的に言えば、**「新しい活動を始めたい」という衝動のほうが、活動中に何をするかよりも重要だ、**ということ。

たとえば、ジム通いを始めたいなら、「運動したい」という衝動を引き起こすきっかけづくり――ジムで使うシューズを用意してベッドのそばに置いて朝一番に目に入るようにする、事前にクラスを予約する、など――をなるべく数多く行うこと。それは、ジムに着いてからの行動よりも重要だ。**そこに行って何をするかより、どうやって自分にその活動をさせるかに力を入れよう。**それを心に留めて、「付録1」に戻り、欄7の「環境にどんなきっかけを加えて、活動をスタートさせるか」を書き出そう。

**注意事項：一度にたくさんの習慣を始めたり、習慣を始める前に必要なものを揃えていなかったりすると、苦労するだろう。**新しい活動を多く取り入れるすぎると、すぐ疲れてしまう。一度に新しい計画をすべて頭に入れるのは、大変だからだ。

また、新しい習慣に必要なものを揃えていないせいで、心の、もしくは現実のスーパーマーケットにぎりぎりに駆け込む羽目になると、この追加の一歩がハードルになる可能性がある。「面倒だな、明日からにしよう……」とつい考えてしまうのだ。**新しい習慣にラクに取り組めるようにしておくこと。**それについて、あれこれ考えなくてすむように。

1日の終わりにこの本を読んでいて、習慣にしたい行動を繰り返すのを忘れていた！　と気づいたら、本を脇に置いてイメージしよう。**やるはずだった行動を、やるはずの手順でやっているる自分を想像する**のだ。それが洗顔なら（いや、「顔も洗わずに寝るつもり？」なんて誰も責めてないから）、イメージの中で洗面所へ行って、蛇口をひねり、洗顔料を泡立てて、お肌になじませよう。脳は現実と想像をきちんと区別しているから、イメージが行動の代わりになることは絶対にない。それでも、脳の重要な受容体が活性化されて、学習に必要な要のプロセスが始動するので、翌日にその行動を繰り返すのがラクになるだろう。

## 繰り返しを妨げる、最もよくある障害物

・自分に尋ねよう：過去に、習慣になるまで何かを繰り返せなかったのは、何に邪魔されたからだろう？　理由を書き出そう。今後、そうした障害物を乗り越えるために、何ができるだろうか？

あなたの答えを知らないので、ここでは**新しいよい習慣を身につけられない、最もよくある理由**を挙げたいと思う。

1．計画を立てなかった

幸いこれは、今後のあなたには当てはまらない！　本書で用意したエクササイズに取り組んでくれたなら、このよくある落とし穴を順調に克服しつつある。

## 2. 変化のために必要な時間を、スケジュール帳に組み込まなかった

睡眠時間もままならないのに、週5でジム通いをするつもりの人に、これまで何度出会ったことだろう？　あるいは、「今日やります」と言いながら、1日の終わりになってもまだやれていない人たちにも。新しい活動は、スケジュール帳にしっかりと組み込まなくてはならない（ただし、この章を最後まで読んでからにしよう。どの活動をどこに入れるのが一番いいかがわかるから）。

## 3. やりたいことを明確にしなかった

活動を小さな塊《かたまり》に分けよう。たとえば、仕事で新しい習慣を身につけたいなら、毎日何をするのかを具体的に言葉にするのだ。「ビジネスに取り組む」ではなく、「〇〇についてのブログ記事を完成させる」「未払いの請求書を送る」と言おう。そして、いつやるかを明確にすること。たとえば、「最初にデスクに座ったときに、未払いの請求書を送る。そのあと、〇〇についてのブログ記事を完成させる」と。

4. 大きく始めすぎたか、退屈になるほど小さく始めてしまった

デンタルフロスは1本の歯に使う？　それとも、口全体をきれいにする？　まずは5分のランニングから始める？　それとも、いきなり30分走る？　科学によると、**私たちが物事を最速で学ぶのは、85パーセントの確率で正確に達成できる仕事をするときだ。**[9] また、すでに何かに成功していると、また何かに成功しやすいことも、科学的に証明されている。競争に勝ったマウスは、次の競争にも勝つ可能性が高い。そして人間の場合は、「やることリスト」の何かを達成すると、ほかのことに取り組む意欲も高まる。

5. 活動にほかの人を巻き込まなかった

一人でやらないこと。ビジョンを共有できる人や、同じ悪い習慣を断ち切りたい人、同じ活動を始めたい人を見つけよう。グループに参加すると、結果に対する責任が高まるばかりか、自分らしさ《アイデンティティ》も増し、より楽しく習慣に取り組めるので、持続しやすい。では、「付録1」に戻って、欄10に書き込もう。

6. 「要の習慣」――ほかの行動にも広く影響を及ぼす、ある行動やルール――を身につけ

## ず、実行しづらい複数の小さな習慣を選んだ

会計の習慣を身につけようとしても請求書の準備ができなかった、アニタを覚えているだろうか？　彼女はこの問題を、二つの要の習慣を身につけることで克服した。

1)「一番つまらない仕事を最初に片づける」というルールを設定した。

2) 友達と週1の電話会議を設定した。そこで週の計画——計画をどのように実行するか、前の週には何を達成したか——を話し合ったのだ。ある特定の行動を変えるのに苦労しているなら、その行動を引き起こすために、どんな「要の習慣」を設定できるかを考えよう。

たとえば、仕事にもっと集中し、夜はもっとよく眠りたいなら、効果が実証されている要の習慣には、**自分の思いや体験をひたすら書き綴る「ジャーナリング」、瞑想、朝の運動をすること**、などがある。これで要の習慣に興味がわいたら、自分が作成した「始めたい習慣のリスト」に目を通し、ほかの行動にも浸透《トリクルダウン》効果を持つ習慣に丸をつけて、そこから始めることにしよう。

## 7.「どうにでもなれ効果」が発動した

これはたいてい、何か一つ誤った判断をしたせいで起こる。たとえば、飲まないと言

っていたのにワインを1杯飲んでしまったばかりに、こう思ってしまうのだ。「もうどうにでもなれ。すでに自分との約束を破ってしまったんだから、ボトルを空けたって構わない」。

「どうにでもなれ効果」への対処法は三つある。まずは、**しくじった自分を許し、「誰だって失敗することはある」と自分に言い聞かせること。**恥ずかしさや罪悪感があると、しくじった自分をなだめたり罰したりしようと、「避けなくちゃ」と言っていた事柄にさらに手を伸ばしたくなるからだ。二つ目は、**1日のすべての瞬間が習慣を改善するチャンスだ、と思い出すこと。**失敗したのが午前中でも、昼食後でも、それ以降でも、その日が終わったわけではないし、翌日まで待たなくても再スタートを切ることはできる。三つ目は――この章でしっかりお話しする予定だが――**古い習慣に逆戻りしたときにどうするか、計画を立てておくこと。**

## 8. 自分でぶち壊《セルフ・サボタージュ》していた

これについては、第3章でしっかりお話しする予定だ。

## 脱出のヒント④

・古い習慣が戻ってくることを予測しておこう。ストレスや何かのきっかけによって、過去のものだと思っていた「習慣のループ」が復活することはある。私は、習慣を変えたい人と仕事をするときは必ず「最初のステップは、自分を許せるようになることです」と伝えている。いずれ、過去のやり方に戻ってしまうことがあるからだ。

そのときに重要なのは、次に何をするかだ。自分を責めて、「絶対に変われない証拠だ」ととらえてしまうと、無意識にその通りになるお膳立てをしてしまう。でも、自分を許し、これも「長く続く習慣を身につけるサイクルの一部だ」と知っていれば、成功に向かって歩を進められる。

# 新しい習慣を根づかせる「スケジュール」のコツ

## ――すでにある習慣の直後に「行動」を組み込む

一つ白状しなくてはならないことがある。

私は、人生の課題を克服するコツを教えてくれる心理学理論の新しい研究報告書を読んだり、それについて聞いたりすると、すぐその考えを試すことにしている。でも、習慣を変えるのに必要な準備について、初めて読み始めた頃は抵抗していた。新しい習慣のスケジュールを設定するための作業をするのが、なんだかイヤだったのだ。

この抵抗の根っこにあったのは、「私は自由に生きる人間だから、枠組みなんかつくったら、人生からのびやかで自然な部分が失われてしまう」という考えだった。

でも、**自分の自由奔放な生活に目を向けてみると、私の毎日はのびやかというより混沌としていることに気がついた。**

私は毎朝、くしゃくしゃのベッドからぎりぎりの時間に転げ落ちると、大きなマグカップにコーヒーを淹れて、飲みながらクロスワードパズルを解き、相当遅刻しながら電車に向かって走っていた。朝一番の会議に到着すると、ほかのみんなはもう着席して最初の話を終えている。その日の残りの時間も、同じ調子で過ぎていく。

スケジュールが1週間前に決まっていても、絶えず予定に追われ、次にしなくてはならない用事に驚愕している。何とかやり遂げていたのは、締め切りが絡む仕事だけ。ほかの人たちを怒らせないように、間に合わせていたにすぎない。私のためだけにすること――カシオの電子ピアノを弾いたり、瞑想したり、散歩したり――は、時間が取れそうにないからと、すべて忘れ去られた。「もう身動きが取れない。何かを変えなくちゃ」と認めざるを得なくなって、ずっと避けてきた研究報告書を改めて掘り下げ、次の事実を学び直すことになった。

**新しい習慣を身につける一番ラクな方法は、時間単位の厳しいスケジュール（「1時間ごとに水を飲む」「毎週日曜の午後12時におばあちゃんに電話する」といった予定）を立てるのではなく、すでにある習慣を新しく加えたい習慣のきっかけに使うことだ。**

たとえば、立ち上がるたびにデスクに置いた水を飲み干す、日曜日に最後のお皿を食洗機に入れたら、おばあちゃんに電話する、といったふうに。すでにある習慣に新しい習慣を積み重ねるのだ。そうすれば、**何度も繰り返すうちに、そもそもきっかけはあるのだから、新しい無意識の習慣になる。**

## ハードル高めの習慣は「起床後の8時間」に実行する

さらにうまくやるために、**体内時計も活用する**とよいだろう。

あなたはご存じだろうか？　**目覚めてから最初の8時間は、脳内の化学物質が最も難しい仕事をこなす準備を整えている。**ノルアドレナリン、ドーパミン、コルチゾールなど、注意力や集中力を高める化学物質の濃度が最も高い状態にあるからだ。

つまり、ここが、とくに難しい新たな習慣を実行すべき時間帯なのだ。新しいことや難しいことをしなくてはならないときに生じる、抵抗と対峙できる可能性が一番高いからだ。

**次の8時間には、脳内の化学成分が変化する。セロトニンが増えて、先ほど挙げた化学物質は減るので、よりリラックスした気分になる。**この時間帯には、すでに日課になっている活動や、あなたの好きな心地よい習慣（マインドフルネスやヨガ、ジャーナリングなど）を組み込むとよいだろう。

そして、**1日の最後の8時間には、（シフト労働者や親になったばかりの人を除く）多くの人は眠っていて、脳は1日の学びを整理統合し、配線し直している。**

これを学んでから、私は実験の準備を整えた。「1日の手綱を握りたい」と考えていたので、この章でみなさんに取り組んでもらったエクササイズをやり終え、それぞれの活動をいつどのように行うのか計画を立てた。

今からご紹介する毎朝の計画を書いたときに使ったのは、**「習慣を積み重ねる」手法と「最も難しいこと──私の場合は、家の片づけ！──は午前中にするべきだ」という知識**だった。

目を覚ましてベッドから出ると（これは毎日していることで、新しい行動のきっかけになる）、すぐにベッドメーキングをする（これは新しい行動で、次の行動のきっかけになる）。それから、すぐ顔の保湿をして歯磨きをする（これも毎日の行動で、次の行動のきっかけになる）。それから、1階に下りてリビングを片づける（これは新しい日課で、古い日課のきっかけになる）。コーヒーメーカーのスイッチを入れて、コーヒーメーカーのそばにあるビタミン剤を飲む（新たに加えたおまけの行動）。コーヒーメーカーのランプが緑色になったら、コーヒーを淹れて飲む（ご褒美）。クロスワードパズルを一つして（ご褒美）、マグカップを流し台に置き、電子ピアノのそばを通るときに10分間弾く（行動でありご褒美）。朝の日課、終了。

このリストを書いたあと、私は保湿クリームを戸棚から出して歯ブラシの隣に置いた。そして、ビタミン剤をコーヒーメーカーのそばに置き、（これはやや大変だったけれど）電子ピアノをキッチンと玄関の間の新しい場所に移動させた。**それぞれのアイテムを目にすることが、新しい習慣のきっかけになるように。**

この日課を1週間続けて気づいたのは、自動的に行動の合図を出して、それを繰り返すことが、かつて経験したことのない自由をくれたことだ。そして数週間後には、家も頭もすっきり片づいた状態で、予定通りの電車に乗ろうと駅に向かっていた。

新しい習慣を身につけたいなら、あなたの中に、変化の計画を立てる時間を取らせまいとする考えがないか、チェックしてみてほしい。そして、新しい習慣が1日のどの時間帯にぴったりなのか、その習慣が消費するエネルギーをもとに考えよう。その行動が完全に習慣化したら、タイミングにそう厳しくなる必要はないが、タイミングも指針の一つになる。

もしかしたら、「ちょっと待って。さっき、新しい習慣を一度にたくさん始めるな、と言ったくせに、朝の日課にいくつも新しい習慣を加えてるじゃないか」と思ったかもしれない。たしかにその通りだが、私はすべての習慣を、切れ目のない一連の流れにして、新しい一つの日課になるように環境を整えたので、新しく何かを頭に入れる必要はまったくなかった。

## 新しい習慣の時間帯は、身体に合わせて決める

「付録1」のあなたが人生に組み込もうとしている習慣に戻って、欄9に記入しよう

**自分に尋ねよう**：新しいそれぞれの習慣は、1日のどの時間帯にぴったりだろう？　最初の8時間？　午後？　1日のスケジュールとあなたの習慣のリストを突き合わせよう。新しい習慣を取り入れたい時間帯には、すでにどんな習慣が存在しているだろう？　**すでにある習慣の直後に、新しい習慣を組み込もう**。直前の行動の終了を、新しい行動のきっかけに使うのだ。

## ▼脱出のヒント⑤

**・本当に変化を起こしたいなら、もう少ししっかり計画を練る必要がある。あなたは何を、いつやるつもりなのか？**

# 失敗は習慣化の通り道

## ――何度も転んだ赤ん坊だけが、歩くことができる

> ### 助けて！　抜け出せない
>
> 「強迫神経症が落ち着いて元気になったから、いろいろ新しい活動を始めようとしているんだ。でも、正直なところ、いいスタートを切ったのに、何に挑戦しても、どんどん下手になっている気がする」
>
> ――ザック（40歳）

ザックは「**侵入思考**」を何とかしたくて、セラピーにやってきた。

侵入思考とは、あなたの脳裏に入り込んで怖がらせ、「とてつもなく恐ろしいことをしでかしてしまいそう」「こんな恐ろしい考えを抱いていると誰かに話したら、危険人物としてすぐ

刑務所に放り込まれるだろう」などと信じ込ませる思考のことだ。

ザックが初めて侵入思考を抱いてからセラピストに連絡するまで11年もかかったのは、「これは性格上の欠点であって、メンタルヘルスの問題じゃない」と信じていたからだ。

ザックが初期のセラピーで流した涙は、一人で抱えてきた苦しみ、耐えてきたパニックや眠れない夜、思考を抑えようと悩んだ年月の長さを物語っていた。そんな思考を彼は、衝動だと（誤って）信じてしまったのだ。そして、「先生に助けてもらいたいけど、先生はたぶん警察に通報しなくちゃいけないだろうし、きっと僕に嫌悪感を抱くでしょう」と言った。がっくり肩を落としてうなだれる姿は、セラピーに来たというより懺悔《ざんげ》のようだった。

ザックは、思考は思考にすぎないこと、自分と同じ経験をしながら暮らしている大勢の人たちがいること、すぐに始めた「曝露《ばくろ》反応妨害法」［訳注：不安にあえて向き合い、あえて反応しないことで不安を克服する行動療法］がとても効果的な治療法であることを知って、安心することができた。さらに素晴らしいのは、「侵入思考なんてもう過去の話だ」と自信たっぷりに言える日が、のちに訪れたことだ。

ザックがその後の人生に望んだのは、深い喜びをくれる体験。一生懸命セラピーに取り組んだので、そろそろご褒美を受け取ってもいい頃だった。ただし、壮大な変化ではなく、ただハッピーな気分になれる人生を望んでいた。だから、定期的な運動（ランニング）を始め、休んだり遊んだりする時間を取り（ピアノやスペイン語の勉強、仲間と会うことを楽しんだ）、執筆もしたいと考えていた。なぜこの話をするのかと言うと、ザックがどんなに変化を望んでいたかを伝えたいからだ。貪欲なくらいに新しい人生に期待し、全力投球するつもりでいた。

## 5127台の試作機の先に生まれた「傑作」

私たちは、ザックの人生に新しい習慣を組み込もうと努めた。だから、彼が選んだ習慣の妨げになりそうな抵抗を取り除いた（つまり、古い習慣のきっかけを排除し、新しい活動のきっかけを組み込んだ）。けれど、彼は数週間後に戻ってきて「もう新しい活動はしたくない」と言った。すっかり自信を失っている。

**新しい取り組みはラクになるどころか、どんどんつらさを増している様子で、今にもやめようとしている。そして、それを「失敗の証拠だ」と考えていた。**

あなたも、思い当たるふしはないだろうか？

新しい習慣を始めたときは、ザックのように、当初の予想より遠くまで走れたり、二度しかテニスの経験がないのに誰かを打ち負かせたりするだろう。スペイン語で五つも単語を覚えたり、小説も1000語くらいすらすら書けたりするかもしれない。ところが**そのうち、ザック**

**と同じように壁にぶつかって、進歩が見えなくなるだろう。**だんだん走れなくなり、テニスボールはネットを越えなくなり、スペイン語の語彙も忘れてしまい、ちんぷんかんぷんな文章しか書けなくなる。

実のところ、自然な学びのプロセスは、ジェームズ・クリアーが『ジェームズ・クリアー式複利で伸びる1つの習慣』（パンローリング）という本の中で「**失望の谷**」と呼んだ状態を伴うものなのだ。

昔は下手だったのに、今はできるようになったことを思い浮かべてほしい。

あなたは外国語を話せるだろうか？　自転車には乗れる？　以前は名前すら言えなかった複雑な料理をつくれる？　そもそも、歩けるようになっているだろうか？　歩けるかどうかを聞く理由は、答えが「はい」なら、何千回も転んではまた立ち上がった経験があるからだ（12〜19カ月児は、1時間に平均で2368歩も歩き、同じ60分間に17回も転ぶ）[10]。赤ん坊の頃の私たちはみんな、先ほど話したあのマウスのようだった。何度もひたすら挑戦することで、一番強いマウスをも圧倒し、赤外線灯に近づくことができていた。

大人になったあなたは、1時間に17回も失敗して、それでもやり続ける自分を想像できるだろうか？　ゾッとするような話に聞こえるけれど、**失敗すればするほど早く学べる。**失敗すると脳は注意を払うし、脳の神経可塑《かそ》性（変化を起こし、新しい神経経路をつくる能力）が高まるからだ。ただし、それが起こるのは、失敗してもパニックにならない場合だけ。先ほど私が言ったことを覚えているだろうか？

新しい仕事や習慣を最も速く習得できるのは、85パーセントの確率で正確に繰り返せるものであること。別の言い方をすれば、**ベストな状態で学んでいても、人は15パーセントの確率で間違いを犯す**ものなのだ。

ザックはこの話に耳を貸さなかったし、私も習慣について学び始めた頃はそうだった。

みんな信じたがらないけれど、「一夜にして成功するのには一生かかる」という言葉は真実だ。ダイソン掃除機の発明者であるジェームズ・ダイソンは、15年間にわたる地道な努力を経て、突然表舞台に飛び出した。彼を有名にしたモデルにたどり着くまでに、５１２７台もの試作機をつくった。

ケンタッキー・フライド・チキンで有名なカーネル・サンダースは、チキンのレシピを売り込んで１０００回も拒まれたのちに、50代で指をなめたくなるほどおいしい成分にたどり着いた。

映画『ジュラシック・パーク』を観た人なら、ヴェロキラプトルがパークのフェンスのあらゆる部分を試し、ようやく弱点を見つけた姿を覚えているだろう。みんなコツコツやり続けて、失敗を乗り越えたのだ。あなたも子ども時代にそれをやって、いろんなことができるようになり、今ではそれを習慣だと考えている。だからもう一度、同じことができるはずだ。

## アマチュア期間に全力を尽くす

**次に何かを始めるときは、『Hooked ハマるしかけ 使われつづけるサービスを生み出す［心理学］×［デザイン］の新ルール』（翔泳社）の著者、ニール・イヤールが言うことを実践し、アマチュアを目指そう。**[11]

今すぐ成功しようとすると、惨めな気持ちになるだろう。何に取り組んでも目を見張るような力を発揮する人などいないからだ。アマチュアとプロの違いは、プロはほぼ毎回、（想定外の変化がないと仮定するなら）意図した通りの結果を保証できること（たとえば、テニスのショットならコート内の狙った場所に入れられるし、ピアノなら鍵盤を見なくても、狙った通りの音を出せる）。でも、アマチュアはかなり上達するまで、うまく行ったり行かなかったりで、当てにならないだろう。

**結果にばかり目を向けず、活動に打ち込める時間をありがたく思って、学習期間を大切にしよう。「難しい」「私は下手くそだ」という思いに気づいたら、アマチュアだという観点に立っ**

**て考え方を変えることだ。**「難しく感じるのは勉強中だから。これが普通だ。時間が経てばだんだんラクになる。何かを少し間違えるたびに脳が注意を払うから、早く学べるはずだ」と。

何も二流を目指せ、と言っているわけじゃない。赤ん坊は人並みを目指して、歩けるようになるわけではない。彼らは学習期間に全力を尽くすのだ。両足をまっすぐ伸ばす練習をし、寸暇を惜しんでひょいと立ち上がったり座ったり。あきらめることなく、ただ前に進む。

## 古い習慣に逆戻りしたときのために、計画を立てておく

新しい習慣を身につけようとすると、ある時点で一時的につらくなり、古い習慣がそっと戻ってこようとする。

- さあ、あとについて言おう：「古い習慣に逆戻りしたり、新しい習慣を一時的にやめたりするのは、失敗の証拠ではない。それはよくあるけれど厄介な、習慣の変化の一部だ。それが起こったら、私は自分を許します。そして、なるべく早く、改めて習慣に取り組みます」

・古い習慣に逆戻りした自分に気づいたらどうするかを計画し、「付録1」の欄11に書き込もう

たとえば、仕事に集中する習慣を身につけたいのに、スマホをスクロールしている自分に気づいたら、それをきっかけに、スマホを見えない場所に隠し、目の前の仕事に戻る。あるいは、そこで取る行動は、そもそもなぜスマホをチェックするのかに対処するような、まったく違ったものであってもよいだろう。

私の場合は、**スマホのチェックを退屈の兆《きざ》しだととらえているから、それをきっかけに即座に立ち上がり、ストレッチしてから目の前の仕事に戻る。**

寂しいときや悲しいときに元パートナーにメールするのをやめられない、と気づいたら、スマホに手を伸ばした瞬間をきっかけに、「STOP」の手法（36〜37ページ）を実践しよう。そうすれば、その瞬間の手綱を取り戻せるだけでなく、そもそもどんな心の状態がきっかけでスマホに手を伸ばすのかを明らかにし、その感情をやわらげることもできるからだ。あるいは、それをきっかけに、あなたのニーズに応えてくれる友達にメールを送ることもできる。

どんな対策を選んでも構わないが、**悪い習慣に逆戻りするたびに、その対策を繰り返す**

**こと**。時間が経つにつれて、その新しい行動が古いきっかけと結びついて、やがて新しい習慣のスイッチが入り、古い習慣は姿を消し始めるだろう。

## ・成功のイメージを、失敗のイメージに置き換えよう

新しい活動を始めるときは、ポジティブな状態を思い描くと、始めようという意欲が高まる。ただし、常に成功をイメージし続けると、弛緩《リラクゼーション》反応を引き起こし、やる気を失いかねない。[12] 一方、**失敗について考えると、脳が警戒して「潜在的な脅威が迫っているのかも」と察知するし、突然わいた恐れや失望はたいてい行動意欲を高めてくれる。**

それだけでなく、失敗のイメージは、さまざまな失敗のシナリオを精神的に乗り越えるチャンスをくれる。

重要事項：これは、自分を責めることとは違う。不安なときや「挑戦できない」と感じるときは、ポジティブなイメージを活用し、自分にカツを入れなくてはならないときは、ネガティブなイメージを活用しよう。逆をやってはいけない。自分を罰するのも、挑戦する意欲をしぼませるだろう。セラピーでは常に、「もう一度やってみよう」と励ましたり、挑戦するエネルギーをくれたりするちょうどいいアプローチを探っている。

・赤外線灯の下にたどり着いた、あのマウスを思い出そう！

この本の執筆中は、「書く」という新たな日課が、習慣の学習段階でダメになりかけたことが何度もあった。1冊の本を書く間には、退屈で面白くもないたわ言を延々と書き綴ってしまうような時期もあって、もやもやした気分になった。それでも、暖かい場所を目指してひたすら前進したあのマウスを思い浮かべ、信じることにした。「**座って十分な時間執筆する。その行為を繰り返せば、ある日突然、完成する日がやってくる**」と。あなたは今、その証拠を手にしている。

## ▼脱出のヒント⑥

・**習慣は、だんだん取り組みづらくなる時期を経て、ラクに取り組めるようになる。苦しいときは無理をせず、平均点を目指そう。つらい時期にどう対処するか、計画を立てておこう。**

# 変化を定着させる

## ――あなたは本当に変わりたいと思っているか？

変化を妨げる最後の障害物は、ほとんどの人が夢にも思っていないものだ。**私たちが行動を変えられない理由はなんと、ただ「変わりたくないから」だったりする。**

私は仕事を通して、そういう事例をいくつも見てきた。断酒の講座に顔を出してみるものの、一度もまじめに取り組まない人。怒りに対処しようとセラピーに行っても、教えられた対策を一度も実践しない人。誰とつき合っても長続きしなくて「しばらくは（誰ともデートしない、友達しかつくらない）独りの時間を過ごしたい」と言いながら、夜な夜なアプリをスワイプし、チャットを繰り返す人。

**どの人もおそらく気づいていないのは、自分がまだ心から「変わりたい」とは思っていないこと。**問題を自覚していない「無関心期」や、自覚はあるけど対処しようとしない「関心期」にある人は、こういう状態を続けがちだ。

## 「私は……をする」というイメージを持って行動する

1970年代に心理学者のプロチャスカとディクレメンテが考案した、「行動変容段階モデル」には七つの段階があるが、本書の目的に合わせて、最初の二つにとくに注目したいと思う。

### 1. 無関心期

この段階では、行動変化に反発する「反対リスト」が、「賛成リスト」よりはるかに力を持っている。〇〇をやめるなんて……「社会生活に影響が出る」「つまらなくなる」「時間がないから無理」「ストレスが増える」などなど。だから、「今すぐやめる価値はない。そもそもまじめな話、毎日〇〇をやることがそんなに悪いこと⁉」などと考える。周りから「やめろ」と迫られると身構えてしまうなら、この段階にいることがわかるだろう。

実のところ、**問題を自分の目で確かめるまで、人はこの段階から動こうとしない**。私も、習慣のリサーチを始めるのを避け続けていた頃は、この段階にいた。

また、身近な人に「自分のためにならないことを繰り返しているんじゃない？」と指摘しても、自覚がない様子なら、この段階にいる可能性がある。

## 2. 関心期

これは、自分の行動が問題だと気づいて、やめようとする段階のことだ。**苦しい闘いが待っているのが見えるから、まだ態度を決めかねているけれど、6ヵ月以内に変化を起こそうとしている。**私たちはしばらくの間なら、この段階に留まっていられる。問題を自覚しながらも、「このままじゃ大変なことになる」と思わせてくれる、最後通牒《つうちょう》を待っているのだ。

あなたが今、この二つの段階のどちらかにいるなら、覚えておいてほしい。今後どうするのかを選ばなくてはならない。自分がしている習慣の実際の影響に、そろそろ注意を払ってほしい。ただし、その行動を「悪い」と言う他人の言葉を真に受ける必要はない。

先ほどお話ししたマインドフルネスを日課にして、今している行為が自分の人生、健康、人間関係にどんな影響を及ぼしているのか、真剣に考え始めよう。これは即効薬ではないけれど、取り組みのきっかけにはなるだろう。そして、**その習慣を変えたら、自分がどんな人間になれるか——自分の理想の姿を——思い描いてほしい。そして、人生で向かいたい場所と今いる場所がどれほど離れているか、よく考えること。**前向きな行動の邪魔をしている障害物を突き止めて、それにどう対処するかを決めよう。

「今さらもう手遅れだ」という考えが浮かんだら、大変だったけれど成功した過去の体験を思い出すこと。あなたが取り組みたい新しい行動について、「私は……をする」という文章をつくり、それに成功して自分の人生を生きている1年後の自分をイメージしてみよう。

## 「再発は当たり前」ととらえる

ここからは、（うまくいけば）次の五つの段階へと進んでいく――「準備期」（どんなきっかけや障害物を取り除き、どんなサポートを取り入れるべきかを明らかにする）、「実行期」（実行し、自分にご褒美を与える）、「維持期」（繰り返すことに集中し、努力の成果に気づく）、「再発期」（誰もがある時点でここに至るので、再発は当たり前のことだ）、「確立期」（古い習慣に手を出したい気持ちが、ついに消える）。

「『確立期』なんて夢のようだ」と思っていないだろうか？

やる気をそぎたくはないのだが、**私たちの多くにとって「確立期」が夢のままなのは、大多数の人が「維持期」で足踏みをしている**からだ。なぜだろう？　理由は（信じて。私は実体験から知っている）、人生の出来事が、私たちを古い小道へ押し戻すからだ。でも大丈夫。新しい小道に戻るたびに、「本当に新しい生き方を選べる」という信念が強くなるから。結局のところ、これが習慣というものだ。同じことを何度も何度も繰り返す。

**習慣の仕組みを理解することは、自分自身の行動だけでなく、周りの人たちの行動を理解する助けにもなる。**「変えるべきだ」と感じるようなパターンを繰り返している人を知っているなら、この章のすべてがその人にも当てはまることを、心に留めておこう。そして、ここで学んだ知識を使って、その人がなぜそんな行動を取るのかを理解してほしい。変わらなくてはならない理由があなたの目には明らかなのに、なぜ本人にはわからないのだろう？と。

覚えておいてほしい。変わると決心するかどうかは本人次第だが、今の行動があなたや本人の人生にどんな影響を及ぼしているのか、あなたの考えを伝えることはできる。そして、「**私の意見にうなずけるかどうか、考えてみて**」とお願いしたり、「**これまでの人生で何かを変えて、誇らしく感じた経験を思い出してほしい**」とアドバイスしたりはできるだろう。

相手がやる気になったら、古い習慣を引き起こしている環境内のきっかけを特定し、一緒に取り除くこともできる。あるいは、この本を手渡して、その人が新たに学んだ情報をどう活かすのかを見守り、現状から抜け出す覚悟があるかどうか、本人に決めてもらうこともできる。

Chapter2

Heuristics

# 第2章 発見的手法《ヒューリスティックス》

訳注

（意思決定や判断をする際に、論理的に答えを出すのではなく、先入観や経験に基づいて直感的にすばやく答えを導く方法）

# 先入観が意思決定を狂わせる

## ――「JFKの失敗」から学ぶ集団思考の対処法

1961年、ジョン・F・ケネディ大統領は、キューバに侵攻してフィデル・カストロを打ち倒すべく、1400人の部隊の派遣を承認した。侵攻は成功すると見込まれていたけれど、実際には、キューバ空軍と2万人のキューバ兵が準備を整えて待ち構えていた。侵攻の試みは壊滅的な失敗に終わり、アメリカが送り込んだ部隊の全員が捕虜になるか殺害されるかした。

この「ピッグス湾事件」がなぜ大惨事に終わったのか、それを検証する調査は、侵攻計画を立てたブレーンを含む全員に分析を迫った。今なら明らかにリスクだとわかる事柄をなぜ見落としたのか。

結論を言おう。**計画段階では、誰もが成功を固く心に誓っていたので、計画が提示されたとき、誰も疑問に思わず、計画の欠点を見逃してしまった。**

計画を立案したのは、前任のドワイト・D・アイゼンハワー大統領とCIA（中央情報局）だった。JFKが大統領に就任すると、この計画が持ち込まれ、彼が承認することになった。

アイゼンハワーもＪＦＫも異議を唱えず、疑問を感じた人たちも何も言わなかった。

この大惨事を分析した心理学者、アーヴィング・ジャニスは言った。「彼らはおそらく『集団思考』というものを経験したんでしょう」と。**「集団思考」とは、そこで最も広く支持されている意見を述べ、その集団の目を通して世の中を見て、その集団の信念に反するような考え方やデータを見落とす、人間の傾向**のことだ。

この失敗から学ぼうと決意したＪＦＫは、弟で司法長官のロバート・ケネディに正式に、政策決定会議で「わざと反論する人」の役割を与えた。「わざと反論する人」は、ただ反対し、考え方のあら探しをするためにそこにいるわけではない。「集団思考」が二度と主導権を握らないように用意されたのだ。彼の仕事は、常に異なる視点を提供し、進行のスピードを遅らせ、決定が群衆の熱狂ではなく分析をもとに行われるようにすることだった。同時に、集団内の権力の力学に対処するためでもあった。

たとえ「集団思考」がなくても、私なら大統領をはじめ、部屋いっぱいの有能な人たちに疑問を呈するなんて気が引けると思う。あなたはどうだろう？

今この話をするのは、数千人の命に関わるような決定の責任者でなくても、誰もがここから学べるからだ。なぜかって？　人生で行き詰まる第二の大きな理由は、**人間が自分にとって最**

**善の判断がなかなかできない**ことだ。私たちがバカだからでも、正確な答えを教えてくれるデータや人に近づけないからでもない。「ピッグス湾事件」の例からもはっきりわかるように、人間の意思決定は、いくつもの「発見的手法《ヒューリスティックス》」（これについては、間もなく詳しく学ぶ）や「集団思考」のような「先入観《バイアス》」に影響されるからだ。そのせいで、正しい選択かどうか疑問も持たずに、特定の行動を選んでしまうことがあるのだ。

この章は、あなたがどのように世の中を見て、どのように判断を下すかに影響を及ぼしているヒューリスティックスや先入観を明らかにするだろう。また、JFKのように、いつどこで追加の手段を取る必要があるのかも教えてくれる。追加の手段を取れば、すっきりとした頭で人生の重要な選択ができるので、行き詰まった気分にはならないはずだ。

## 発見的手法《ヒューリスティックス》とは何か？──今日もあなたの判断に影響を及ぼしている

ほとんどの人は、自分が論理的に物事を判断している、と信じている。事実とデータに基づいて、何をするか、何を買うか、誰に耳を傾けるかを選んでいるつもりでいる。でも、ここまで見てきたように、常にそうだとは限らない。

**ジレンマを抱えるたびに、意識的に判断するのではなく、近道を利用することが多いのだ。近道――別名：ヒューリスティックス――は、私たちの心の労力を減らし、難しい問いを単純化して、ある種の答えへと偏《かたよ》らせる。**

一部の報道によると、100種類を超えるヒューリスティックスと（それに伴う）先入観が存在しているので、すでにおなじみのものも多いだろう。

これまでに支払ったコストをもったいなく感じて合理的な判断ができなくなる「**埋没費用《サンクコスト》効果**」や「集団思考」をはじめ、ある対象を評価する際に、目立った特徴に引きずられて全体の評価が歪んでしまう「**後光《ハロー》効果**」や、自分の判断より周囲の判断に基づいて行動を決める「**社会的証明**」に至るまで、この章で詳しく取り上げる概念（ヒューリスティックスや先入観）は、私たちがするほぼすべての判断に影響を及ぼしている。

ヒューリスティックスや先入観は、ほんのささいなジレンマから大問題に至るまですみやかに解決してくれる。たいていの場合、その判断はかなり正確だけど、くれるのは完璧な答えではなく最善の推測なので、失敗がないわけではない。

あなたの人生でも、ヒューリスティックスや先入観が働いていることを確かめたいなら、この問いかけが役に立つだろう――**あなたの気分が判断に影響を及ぼすことは、どれくらいあ**

**ります か?**

たとえば、友達から「今度の金曜日に飲みにいかない?」と誘われたけれど、ひどい1日を過ごしたあとだったから、「あまり面白くなさそう。行く価値はないな」と判断した。これは

## 「感情ヒューリスティック」

――自分の状況を気分で判断する傾向――のせいだ。

誰かに出会って魅力的な人だと感じると、ほかのことは何も知らないのに、無意識に高く評価してしまうことはないだろうか? あるいは、逆の経験もあるかもしれない。目の前の人と自己紹介すら交わしていないのに、うわさ話で知っているつもりになって、そのイメージだけでレッテルを貼ってしまうのだ。

こんなふうに瞬時に判断しているなんて、誰も認めたくないだろう。正確ではない偏った判断だとわかるからだ。それでも、やってしまう。なぜだろうか?

「後光《ハロー》効果」――誰かや何かをごくわずかな情報に基づいて瞬時に判断する傾向――のせいだ。ある特徴が(よくも悪くも)後光のように働いて、人格全体を照らし、その人に対する評価を形成してしまうのだ。

これでもまだ、ヒューリスティックスや先入観が自分の判断に影響を及ぼしているかどうか、よくわからない? では、将来のための選択よりも、目先の喜びを選んだことが何度ある

だろう？　退職基金にお金を入れる代わりに、豪華なディナーに出かけることを選んだことはない？　あるいは、お金を貯めて買える余裕ができるまで待たずに、クレジットで買い物したことはないだろうか？　こうした事例がよく見られるのは、「**双曲割引**」――待てば大きな報酬をもらえる場合でも、将来の選択肢の価値を割引いて考え、目先の小さなご褒美を好む傾向――のせいだ。

なるほど、私たちの多くが行き詰まった気分になるわけだ。私たちは物事を気分で選び（ほとんどの場合、それは英国の天気に負けないくらい当てにならない）、人や場所や人生の物事について、ごくわずかな情報をもとに瞬時に判断し、長期的に闘うことを忘れて目先のものを選んでいる。そして何より、**ヒューリスティックスは瞬《また》く間に現れるので、そもそもそれが存在している事実に、私たちはほとんど気づいていない。**

ヒューリスティックスや先入観のせいで、人は自分が何をほしがり、何を信じ、何を選ぶべきなのか、わからなくなりがちだ。とはいえ、お先真っ暗というわけでもない。ヒューリスティックスが存在するのには、立派な理由があるのだ。

## 人間が生き残れたのは正常な判断ができなかったから？
### ――社会的なつながりから医療の現場まで

この分野の研究は何十年も行われてきたが、その中でずっと続いてきた議論がある。それは、**人はなぜヒューリスティックスを使って判断するのか**、というもの。

一部の研究者（とくに、行動経済学とヒューリスティックス研究の創始者であるダニエル・カーネマンとエイモス・トヴェルスキー）は、「**ヒューリスティックスが存在するのは、人間の認知能力に限りがあるからだ**」と信じている。私たちは最善の推測をすることで、難しい判断にかかる時間を節約している。そして案の定、ヒューリスティックスが人間を無分別にしている、と言われている。

また別の研究者たち（とくに、ドイツの心理学者、ゲルト・ギーゲレンツァー）は、ヒューリスティックスはたいていの場合、役に立つ経験則を提供して最善の答えをくれる、と信じている。そういうわけで、**医療のプロ（をはじめとした命を守る専門家）は、すみやかな判断が求められるときに、積極的にヒューリスティックスを活用している。**

たとえば、赤ん坊が生まれるや否や、最初の健康状態は、複雑な機器を使うのではなく、たった一つの問いでチェックされる――赤ん坊は泣いているか？（泣いていれば、健康だと考えられている)。同じように、脳卒中を患《わずら》う人に必要な治療を受けさせる有効な手段として、「FAST」という頭文字が使われている。Face(顔)が垂れ下がっていないか? Arms(両腕)が上がるか? Speech(言葉)は正常か? 顔、腕、言葉のどれか一つでも異常があれば、医者にかかるTime(タイミング)だ。

**ヒューリスティックスは、私たちが種として生き残るために進化させた手段の一つなのかもしれない。**

状況を判断するのに**感情を使う「感情ヒューリスティック」は、祖先が直感に従って行動していたことを示している。直感は、危険を敏感に察知するのに便利だった**のだ。

長期的な利益よりも目先のご褒美を選ぶ「双曲割引」は、祖先が「チャンスが目の前に現れた瞬間にとらえていたこと」を示している。今夜のおいしいごはんになりそうなベリーやシカを見つけたら、さっと手に入れる。ベリーが育って茂みになったり、シカが丸々太ったりするまで待つことはない。その頃自分が、そこにいるとは限らないからだ。今この瞬間を生き延びられなかったら、未来のことを考えたって仕方がない。

ほかの人たちの考えにわれわれを忘れる「集団思考」は、部族内の社会的なつながりを支え、すみやかに解決策を導く助けになってきたのだろう。その解決策が見事なものでも、ピッグス湾ばりの大失策でも、集団は（たとえ「集団思考」に影響されていようと）、課題が複雑になれば、博識な個人をしのぐものだ。[1]

「ハロー効果」でさえ、役に立ってきたのかもしれない。

あなたはご存じだろうか？　人類がほかのヒト科の種より長く生き延びたのは、「集団内のよそ者」（当時の人たちから見て、自分たちによく似た――ホモ・サピエンスの――特徴を備えたよそ者）と仲よくなって協力し合ったからだ、と考えられている。[2]「ハロー効果」のおかげで、祖先は共通の特徴を確認し、よそ者を受け入れた可能性がある。

あなたがヒューリスティックスを合理的だと思おうが思うまいが、明らかなのは、こうした思考システムが、人類が進化したような比較的シンプルな環境ではうまく機能したことだ。今でも、ハイリスクな状況や時間制限のある状況では、役に立っている。とはいえ、現代社会における判断は全般的にさらに複雑になり、危険を伴うものではなくなっている。

一時しのぎの解決策は要らないし、祖先がしていたような生き延びるための判断をする必要もないから、たった一つの特徴で人を瞬時に判断するようなことは、絶対にしたくない。それよりむしろ、**ヒューリスティックスに気づいて覆《くつがえ》すか、うまく利用できなくてはならない。**

## ▼脱出のヒント⑦

・私たちは、経験則を使って判断するようプログラムされているせいで、人生に行き詰まることがある。経験則がくれるのは、最善の答えではなく最善の推測にすぎない。

・人は、「人生を変えたければ、日々の行動に目を向けさえすればいい」と考えている。でも現実には、人間であることはもっとずっと複雑で、「悪い習慣」の多くは、日々行う身体的な行為に留まらない。悪い習慣の中には、私たちの頭の中や判断の際に働くものもあるのだ。

# その選択は誰のもの？

## ――現代人はSNSに正常な判断を阻害されている

### 助けて！　抜け出せない

「最近、親友を亡くしました。彼女が亡くなってから、今まで以上に『人生は短い』と意識するようになりました。でも、この世での時間をどう過ごせばいいのかわからないの。田舎を出て都会に引っ越そうかとも思ったけど、たぶん賢い決断ではないでしょう。友達はみんな都会に出ているけど、私に向いているかしら？　SNSでは素晴らしい体験をしているシェフや、美しいビーチの写真を投稿して『夢を追いかけたら幸せになれた』と話すインテリアデザイナーをフォローしています。仕事を辞めて旅行をすれば、行き詰まった気分を感じなくなりますか？　臆病な人間にはなりたくありません。何かしたいです。でも、次にやるべきことを選べないばかりか、自分で人生の選択をして、やり遂げた経験がほとんどないことに気づきました。みんなは常に『今を楽しめ』と言うけれど、人生に何を望んでいるかわからないのに、何を楽しめるでしょう！　私は一体どうすればいいのでしょうか？」
――アレッシア（私の患者の一人）

アレッシアは大切な友達の死を経験し、52歳のときにセラピーを受けにきた。亡くなった親友は友人というより姉妹のような、プラトニックな人生のパートナーのような存在で、時間を問わず何だって――大事なことも、どうでもいいことも――話し合える間柄だった。二人は「情報通」であることを自慢にしていた。次の人気イベントの場所、ニュース、トレンド……それでいて、くだらないことも一緒にやった。そして親友が亡くなった日、アレッシアの知る世界は失われてしまった。

悲しみについて話し合う中で、アレッシアはこんな結論を出した。「親友の死を悼《いた》む方法を見つける必要がある。でも同時に、生きていく方法も見つけなくちゃいけない」。

私たちは、親友について、一緒に過ごした時間について話し合う時間を持ったり、苦しくて言葉が出ないときは沈黙の時間を取ったり、アレッシアの人となり――何が好きで、何が嫌いで、今どんな人間で、過去にはどんな人間だったか、そして、今後どんな人間になりたいのか——を知る時間を設けたりした。

今後の人生について初めて話し合ってみたときは、二言三言話しただけで、すぐ黙り込んでしまった。「薄っぺらな感じがする」と言うのだ。

親友の死の話に比べたらどうでもいい話だ、と感じただけではない。次に何をしたいのかを大声で話し、Instagram の投稿やビーチの話をする自分の声を聞いて、「バカみたい」と感じたのだ。バスの中でそんな声を聞こうものなら、親友とあきれてこっそり目を回し、ドアが閉まった途端にあからさまにクスクス笑ったものだった。今はそんな記憶を追体験して、アレッシアは静かに笑う。そして、恥ずかしさに身をすくめる。「私たちもちょっと、辛辣《しんらつ》すぎたよね」と。

未来を夢見る時間を取るなんて「まともな」人間がすることじゃない——そう考えるのは、アレッシア一人ではない。そういう人を私はよく見かけるし、それはたいてい「楽天家でいるなんてバカがやることだ」という考えと結びついている。でも、**時間をどう使うべきかを問うことは、バカなことではなく大切なことだ。**

希望を持つことも。すでにご存じのように、人生に行き詰まってしまうのには多くの理由があるけど、その一つは、立ち止まって何度も尋ねてみないからだ。「私は今何をしているんだろう？」「次に何をしようか？」と。アレッシアはそう納得するのにちょっと時間がかかったけれど、少しずつ悲しみが癒えて未来のことを考えられるようになると、心に決めた。親友が自慢に思ってくれるような人生を送りたい、と。「来週、計画を立ててきますね」と彼女は言った。けれど、次のセラピーに来る頃には、行き詰まってしまっていた。

アレッシアはそれまで、人生の選択の大半を、友人たちのアドバイスをもとに行っていた。だから、自分で決断しようとして途方に暮れてしまったのだ。

私の知る多くの人たちと同じように、彼女も行き詰まり、方向性を失った。人生に自分にふさわしい変化を起こしたいけれど、どんな変化を起こせばいいのだろう？　と。

## 「インフルエンサーのお勧め」を選択する人たち

ＪＦＫと違って、アレッシアにはあれこれ誘導してくる部屋いっぱいの世界的な権威はいなかったけど、「集団心理」のことは知っていたから、きちんと乗り越えると決めていた。だから、**「集団心理」の影響を受けまいと、仲間の外に目を向けた。**網をずっと遠くに投げて、前に進む思いがけない選択肢を提示してくれそうなソーシャルメディアの人たちやニュースに出てくる人たちに注目してみた。でも、残念ながら、目を向ければ向けるほど、ますます圧倒されてしまった。

あなたも、自分にとって何が最善の選択なのかわからなくなったときのことを、思い出せるだろうか？　それは、次に挑戦する趣味やスポーツのクラスを選ぶようなささいなことだったかもしれないし、パートナーと別れる、仕事を辞める、といった人生を左右する出来事だったかもしれない。いくら自分の意見で決めたいと思っても、ほかの人たちの考えや行動に影響されて、なかなか難しかったのではないだろうか？　答えが「はい」だとしても、「集団思考」だけが原因ではない。**人は「社会的証明」――どんな状況でも、他人の行動を見て真似をする傾向――の影響も受ける**からだ。

「社会的証明」は、頼りにした人物がソーシャルメディアで大勢のフォロワーを抱えているような場合は、厄介なことになる。覚えているだろうか？　女優でビジネスの成功者でもあるグウィネス・パルトローが「膣の蒸気洗浄」を勧めたばかりに、ある女性が第二度熱傷を負い、再建手術が必要になったことを。[3]人々は警告もグウィネスが医療従事者ではない事実も無視したから、Instagramには数日のうちに、お察しの通り、蒸気にまたがる人々の写真が大量に投稿された。

あるいは、ドナルド・トランプがアメリカ大統領だったとき、新型コロナウイルス感染症を克服するために、「漂白剤の摂取」を勧める発言をしたのを覚えている？　それから8日間に、消毒剤中毒が121パーセントも増加した。[4]

**人々が極めて危険な行為に走ったのは、「社会的証明」――著名人の意見はその資質にかかわらず、正しいに違いない。多くの人がフォローしているのだから、という思い込み――のせいでもあったろう。**

## 意思決定能力を失った現代人

アレッシアは身近な集団の外に目を向けようとしたけれど、別の場所で「社会的証明」のわなにはまってしまった。

「ステータスのある人たちはよい人間で正しいに違いないから、その考えに耳を傾けて、行動を真似るべきだ」と信じていたから、オンラインでフォローしていた人たちの話に心を動かされずにはいられなかった。

彼女だって、誰彼なく教えや導きを求めたわけではない。インフルエンサーの名前の横にくっついている青い「認証」バッジも、「耳を傾けるべき人物だ」と告げていた。「こうするべきだ、って彼女が言うなら、正しいに決まってる！」そう思ってしまった。

約28億人がFacebookを、23億人がYouTubeを、18億人がInstagramを利用している。そのうちの多くが、アドバイスする資格があろうとなかろうと、素敵な人生を送る極意を毎日シェアしている。

「結婚しなさい。研究によると、そのほうが幸せになれるから」

「結婚なんか最低。研究によると、離婚する確率が高いから」

「家を買いなさい。小さな家から大きな家へと住まいの梯子《はしご》を上りなさい」

「ワゴン車で暮らしなさい。社会の言う通りにしてはいけない！」

「セクシーになって、飲んだくれて、最高の自分になろう」

「そのままのあなたで十分よ」

なるほど、アレッシアがほしいものがわからなくなったのも無理はない。私たちは、意思決定能力がかつてないほど問われる時代を生きている。

ほとんどの人は、「後悔したくない」と考えている。

自分に正直な人生を送りたいし、羊のように臆病に生きたくはないけれど、群れに従うようプログラムされていることには気づいていない。それに、自分が心から望んでいるものは何か、明らかにする方法を知っている人はほとんどいない。

でも、それもこれも今日までの話だ。アレッシアも、「ここから抜け出したい」と願うあなたも、**最初にやるべきことは、ヒューリスティックスや先入観とは何か、そして、それがな**

ぜ、いつ発動するのかを知り、必要に応じて回避する方法を学ぶことだ。

## ▼脱出のヒント⑧

・ヒューリスティックスを野放しにすると、現状を維持したり、集団に合わせたり、自分たちの考え方に合わない考えは無視するような判断を下してしまう。

## システム1の思考 VS. システム2の思考

### ――感情は事実ではない

ダニエル・カーネマンとエイモス・トヴェルスキーがヒューリスティックスという考え方を打ち出したとき、二人は、ヒューリスティックスがいつ、どのように使われるのかを説明する二つの思考システムを提示した。

**システム1は、無意識の、感情的な、太古からある思考システムで、古い習慣を繰り返すときに使われる。**このシステムは習慣的な行為を繰り返すのに役立ち、自分の行動に意識を向けていないときのほうがうまく働く。

呼吸のことを考えすぎて、突然「きちんと息を吸えてない」「酸素を十分に取り込めてる？」などと慌てたことはないだろうか？　あるいは、同じ言葉を何度も口にしているうちに、「待って、ちゃんと言えてる？」とわからなくなってしまったことはない？

システム1は、ヒューリスティックスで満ち満ちている。直感が働くときは必ず、この思考システムを使っている。

たとえば、怪しげなバーを出なくちゃと感じたり、消防士が見たところ異常のない建物を「何だか変だ」と感じ、「ここから出よう」とチームに伝えたりするときには、システム1が働いている。

システム1の意思決定——**無意識の判断が下されるプロセス**

■**状況**（判断が下される瞬間）
↓
■**ヒューリスティックス**（経験則やそれに伴う先入観が直ちに発動し、思考を導く）
↓
■**判断**（一瞬で下される）

一方、**システム2はゆっくりで、意図的で、抜け目のない思考システムだ。**落ち着いて取り組まなくてはならない、より複雑な作業の役に立つ。

たとえば、仲間とレストランでお金を払うときに、誰がいくら払うのかを計算したり、思いがけず夕食にお客さんを招くことになって、追加の食材をどれだけ買うかを考えたり、同僚に複雑なことを説明するメールを書いたり、といったときに働く。ただし、意識的な思考システムと無意識的な思考システムは、いつもやりとりをしている。

あなたが心配性で、「どうしよう！　この面接は大失敗に終わる」などと自分たたきを繰り返しているなら、システム2がこう口をはさんでくる（ことが望ましい）。「それは考えにくいね。今まで失敗したことはないし、たとえ失敗しても、世界が終わるわけじゃない」。この本を置いて、あなたを行き詰まらせているヒューリスティックスを克服する練習を始めるなら、システム2を活用する必要がある。それは、毎日あなたの判断に忍び込んでくる、他人の思考や先入観の影響を乗り越える助けになるからだ。

## ヒューリスティックスの影響を知る

1．人生でしてきた大きな決断を思い出そう。どのように決断したのだろう？

これまでにした大きな決断をいくつか挙げてみよう（誰かとつき合う／つき合わない、事業を始める／始めない、など）。そして、どのようにそう決断をしたかを書き出そう。成功の見込みを調べた？　それとも、直感に従った？　直感に従った場合は、どのヒューリスティックスを使ったのだろう？（たとえば、「ハロー効果」の影響で――相手のルックスを見て、「関わっちゃダメだ」という他人のアドバイスが耳に入らなくなって――ついセクシーな相手とつき合ってしまった？　臆病なグループの「集団思考」のせいで、うまくいくと確信していたビジネスを始める気力を失った？）。あなたはその決断で、うまくいったのだろうか？

## 2．第1章（36〜37ページ）の「STOP」の手法を使って、次の24時間は、瞬時の判断が下される瞬間に注意を払おう

自分が使っているヒューリスティックスや先入観に興味を持とう。たとえば、誰かに「面接はどうだった？」と聞かれたのに、またしても「感情ヒューリスティック」が発動したせいで、「面接中はどんな気分だった？」という問いに答えている自分に気づくかもしれない。

**瞬時の判断や先入観に気づいたら、自分の思考に何が欠けているのか考えてみよう。**

たとえば、「感情ヒューリスティック」が本当に問題な場合は、感情は事実ではないと心に刻み、事実と感情を分けるよう心がけること。「面接があまりうまくいかなかった、と感じているのは、私に『何に挑戦しても失敗する』という思い込みがあるから

だ。実際は、ベストを尽くしてすべての質問に答えたけれど、一つ難しい質問があって、そこはうまく答えられなかった、というだけのこと」と。

## ▼脱出のヒント⑨

・マインドフルネスが、システム2を稼働させる鍵になるだろう。システム2は、意思決定のスピードを遅らせ、判断に影響を及ぼしている感情を静め、どのヒューリスティックスがあなたの思考を導いているかに気づかせてくれる。あなたはそこから、どう進むべきかを決められる。

・誰もがヒューリスティックスを使っている。ヒューリスティックスについて知ることで、自分自身を理解できるだけでなく、周りの人たちの行動も理解できるようになるだろう。

# 決断できないのは、信頼できるデータがないから

## ――あなたの錨《アンカー》を下ろせ！

「直感を信じろ」というおなじみの言葉に、私はよくもやもやする。直感が正しい場合ももちろんあるけど、この言葉は意思決定の複雑さを見落としている。それに、不安や強迫神経症やトラウマを抱えている人は、自分の直感を信じるなんて無理だと感じるだろう。

**直感はあいまいなメッセージを送ってくるし、身の危険がないのに「危ない」と知らせてくることもある。**では、どんなときに直感に従うべきなのだろう？

**次のような場合はたいてい、直感に従っても構わない。**

1. 今解決したい問題に対する正確な答えを導く時間がない。
2. 決断した結果がどうなるかは運次第だ。
3. 決断を導く信頼できる統計データがない。

4．統計データが手元にあっても、（数が多すぎたり複雑すぎたりして）手に負えない。
5．自分は、今取り組んでいる分野のベテランだ。

**それ以外の場合は、時間を取って、目の前の問題に対してなるべくたくさんの解決策を用意し、それぞれの選択肢のよい点と悪い点を比較評価してから、まずは一つ選んで試したほうが、よい判断ができるだろう。**それがうまくいかなければ、別の選択肢を選ぶこともできるからだ（「付録2」に、問題解決の表を作成したので、ぜひ練習に使ってほしい）。

意思決定の質を高めたいなら、自分の問題に活用できる既存データを参照するとよいだろう。ただし、これはなかなか難しい。

今は人々がデータや統計に不信感を抱く時代だし、データはたいてい理解しづらく、矛盾し合っているものもあるからだ。その上、たとえ統計データがあっても、それを求めたり信じたりするのを邪魔するヒューリスティックスが、ほかにも存在するからだ。

## 助けて！　抜け出せない

「ああ、どうしよう？　今日の午後に新型コロナのワクチン接種があるんだけど、もうパニックよ。過去に3回も予約をキャンセルしたのは、悪いことが起こるとしか思えないから。友達の大半がワクチンを打っている。何の心配もせずにね。でも、毎回予約の時間が近づくと、パニックがひどくなって、リスクで頭がいっぱいになってしまう……接種したあとに発作を起こしたり、死んだりしたらどうしよう？　ああ最悪！　やっぱり電話してキャンセルしよう」

――ローズ

ローズは、水曜の朝のセラピーに取り乱した様子で現れた。Zoomがつながった途端に飛び跳ねて、手に持っていたものをすべて床に落としてしまった。

「動揺してめちゃくちゃなの」とローズは言った。思考も感情も、たった今床にぶちまけたバッグの中身に負けないくらいとっ散らかっている。

ローズと知り合って1年になる。新型コロナウイルスの最初のロックダウンが始まったとき、彼女は旅行中で、英国に戻る最後のフライトを逃した。当時新聞が報道していた、「政府に帰国の手段を見つけてほしいと要請している人たち」の一人だったのだ――残念ながら、見つけてもらえなかったけれど。最初の数ヵ月は問題なかった。ところが、大切な人たちと遠く離れ、毎日心配でならないことに気づくと、心が重くなりだした。

セラピーを始めたのは、世界規模のパンデミックの最中《さなか》に国を離れている寂しさや、「何のために生きているんだろう？」という苦しみに対処するためだった。

そして、その苦しみが消えたあともセラピーを続けたのは、問題だと気づいた人間関係のパターンを分析したかったから。そうして45週間も週1でセラピーを続けてきたのに、ワクチンが怖くて何度もキャンセルしていることを初めて聞かされ、私は驚いた。


ローズは、9ヵ月前に初めて接種の予約をキャンセルしたあと、著名なインフルエンサーのInstagramのページで、ワクチンの安全性について尋ねてみることにした。「もっとしっかり学びたい」と心に決めたからだ。

ところが、あっという間にコメント欄でひどいバッシングを受けた。「反ワクチン派のクズ」と呼ばれたり、「こんなやつがいるから世の中がおかしくなる」とののしられたり。

人々はローズの個人ページにまでやってきて、悪口を書き込み続けた。それ以来、彼女はワクチンについて質問することも、恐れを誰かに打ち明けることもできなくなった。

そういうわけで、4回目のワクチン予約の日まで、この話がセラピーで語られることはなかった。私がワクチン賛成派だと知っていたから、私にも責められると思ったのだ。

ローズの恐怖心を調べてみてわかったのは、ローズは反ワクチン派でもなければ、針が怖い「先端恐怖症」でもなく、接種にパニックになるほどの持病も抱えていないこと。では、一体何が起こっていたのだろう？

ローズの苦しみの原因は、**「利用可能性ヒューリスティック」**にあった。これは、データではなく、最も頭に浮かびやすい情報をもとに判断する傾向のことだ。

## 最初に聞いた情報を信じ込んでしまう

パンデミックの最初の年にローズが滞在した国の新聞は、どうやら新型コロナウイルスによる死よりもワクチンによる死に注目していたようだ。

彼女の目に触れる情報は、「ウイルスよりもワクチンのほうが危険だ」と告げていた。そして、**読んだ情報を心配すればするほど、心配な情報が目に入りやすくなり、恐れがますますふくらんだ。**

同じようなことがあなたにも起こっていることに、気づいているだろうか？

たとえば、知り合いが脳腫瘍で亡くなったら、それ以降は頭痛のたびに「ガンだ」と考えるだろう。頭痛にまつわる利用できる情報がそれだからだ。

そして、心配すればするほど、「それが痛みの原因だ」という思い込みは揺るがなくなる。それでもたぶん、時間と共に不安がおさまりだすと、頭痛の原因が脳腫瘍だなんて思わなくなるだろう。これが「利用可能性ヒューリスティック」のなせるわざである。

ローズはまた、友達のふりをした敵の「集団思考」にも影響されていた。こういうものが今ソーシャルメディアで、わが世の春を謳歌している。**「集団思考」は最悪の場合、違う意見を持っていそうな人を黙らせたり罰したりするよう、人々を駆り立てる。**

ローズのように、異を唱えるどころか、その話題にただ関心を寄せただけの人であっても。ローズが行き詰まってしまったのもうなずける。データや自分の恐れを理解し、話し合う場所がほしかっただけなのに、いじめに遭ってしまったのだから。

データの解釈の仕方については、私たちは、ほかのヒューリスティックスの影響も受けている。たとえば、家族ぐるみの友人のボブの話をさせてほしい。

ボブはわが子にワクチンを接種させたくなかったが、ワクチン自体に反対しているからではない。おしゃべりしているときに、ボブは言った。「新型コロナウイルスはあの年齢層には無害だと聞かされてたのに、今になってワクチン接種が必要だと言われる。理解できないよ。ちょっと怪しい感じがする」。ボブの「怪しい」という発言から、みんなは彼のことを陰謀論者だと思っているけど、彼は「**アンカリング効果**」の影響を受けているにすぎない。

「アンカリング効果」とは、その後の情報で考え方を改めなくてはいけないのに、基準点（錨《アンカー》）――たいてい最初に聞いた情報――をもとに判断を下す傾向をいう。

ローズとボブは答えをもらえないまま、心配や疑問を抱えていた。ヒューリスティックスのせいで、手に入るデータを無視したり疑ったりしてしまったからだ。

そして、さらに悪いことに、「集団思考」によって、大事な質問をするたびに恥ずかしい思いをさせられた。十分に情報を得て、判断するチャンスだったのに。ローズもボブも時間を取ってヒューリスティックスや先入観を理解し、実際の統計データに目を通して、聞きたいことをすべて聞き終わると、安心してワクチン接種にのぞんだ。リスクについて、バランスの取れた見方ができるようになったからだ。

**ヒューリスティックスは、健康に関する選択をするときだけでなく、私たち一人一人に四六時中影響を及ぼしている。**

ヒューリスティックスの影響で、私たちは最初に見た情報や最も頻繁に見る情報、一番思い出しやすい情報をもとに判断の仕方を変える。これが私たちの緊急の課題なのは、メディアが偏った、場合によっては間違った情報を売ることで丸々太る世界を生きているからだ。

テレビをつけても、ソーシャルメディアを見ても、地元の新聞販売店に足を踏み入れても、一番精力的に売られている物語が私たちの心に錨《アンカー》を下ろすことになる。

## あなたはなぜ、マックブックを買ってしまうのか?

マーケティングや広告も、消費者に対してヒューリスティックスを使っている。1929年、PR活動の創始者とされるエドワード・ルイス・バーネイズは、伝統的に男性の習慣だった喫煙を女性の習慣として世に広めようと、ルックスのいい女性たちを雇って、ニューヨークのイースター・パレードで「自由の松明《たいまつ》」(タバコ)を吹かしながら行進をさせた。

その写真は世界中で公開されたけれど、バーネイズや彼の才能に投資したタバコ産業には一言も触れていなかったので、これが宣伝行為だと気づいた人はほとんどいなかった。

**「社会的証明」と「ハロー効果」によって、女性たちは喫煙を「解放された女性たち」の習慣——つまり、とてもよいこと——だと考え始めた。**

以来ずっと、この手の販売戦術が使われている。今日では、気分が高揚するよう広告の背後にはアップビートな音楽が流れているから、「感情ヒューリスティック」が働いて、「わぁ、このブランドは素晴らしいに違いない」と受け止める。

あるいは、グリーンを背景に広告が流されるから、「ハロー効果」にだまされて、つい「環境に優しい商品なんだ」と思い込み、それが事実かどうか確認しようともしない。

また、「内集団」と「外集団」をつくり出す企業に出会うと、ほかのブランドを買う人たちよりも、自分たちが優れているような気がする。この話がピンとこないなら、アイフォーンとアンドロイド、マックブックと普通のパソコンを思い浮かべてほしい。どれほど多くの人が、どちらを使っているかでアイデンティティを表現していることだろう。

また、タバコ会社はかつての謳《うた》い文句で商品を売ることはできなくなったけれど、当時の手法は今も大いに使われている。広告主がモデルをいかに着飾らせ、ひらすら若く、豊かで、成功しているように見せているか、考えてみてほしい。「このブランドを買うのはより優れた人たちだ」と誰もが信じるように。

そして、商品を「ほしい」と思ったときに、ある価格（おそらくは高値）で私たちをつなぎ留め《アンカリングし》、その後値段を下げることで「お買い得だ」と思わせる。たとえ新しい価格が、自分が最初に払うつもりだった金額より高くても。

どんな広告も、あなたが財布に手を伸ばし、商品にお金を払いたくなるようにつくられている。そのアイテムを買いたいときに一番に思い出してもらえるよう、ブランドを繰り返し見せることによって。あるいは、さらに心配なことに、あなたの見方を変えることによって。世の中やあなた自身、誰がより豊かで誰がより貧しいのかに対する考え方を、がらりと変えてしまうことで。

だから、**油断せずに、時には自分の錨《アンカー》を下ろすこと。**たとえば、仕事をオファーされて、「いくらほしいですか?」と聞かれたら、あなたが最初に高値を設定したほうが、給料がよくなる可能性が高い。未来の雇用主がいったん数字を提示したら、それが錨《アンカー》となって、交渉はすべてそこから始まるからだ。

## 判断する前に、調べろ

「利用可能性ヒューリスティック」と「アンカリング・ヒューリスティック」は、さまざまな先入観や行動の根底にある。たとえば、「利用可能性ヒューリスティック」は「ハロー効果」を引き起こしている。**知らない人を判断するときは、まず固定観念《ステレオタイプ》が頭に浮かぶからだ。**

「アンカリング・ヒューリスティック」は、次の事柄の根底にある。

**1. 計画の錯誤**——過去にその仕事をしたことがあって、かなり時間がかかったのに、所要時間を甘く見積る傾向のこと。あるプロジェクトに1ヵ月与えられ、「僕なら数日でやれる。まだ始めなくても大丈夫」と思っていたが、結局予想より長くかかって「納期を延ばして下さい」とお願いしなくてはならなかったことが、一体何度ある？

**仕事が突然、予想外に難しく見えてきたのは、「数日しかかからない！」という錨《アンカー》が心に下りていたからだ。**

**2. スポットライトの錯誤**——他人が自分の行動に実際よりも注目している、と思い込む傾向のこと。この傾向が生じるのは、私たちが自分の物の見方に、よくも悪くもつなぎ留められているから（「みんなが私の行動に感銘を受けているに違いない」とか「僕は何をやっても厳しい目で見られる」など）。

だが、**現実には、大多数の人は自分のことや、自分が他人からどう見られているかで頭がいっぱいで、あなたのことを考えている余裕はない！**

### 決断に役立つ統計データを探す

1. 何かを決断したときのことを思い出そう

**そのときは、統計データを調べたり、過去の自分の体験を思い返したりしただろうか？** した場合は、データや過去の体験に注意を払った？ 答えが「はい」なら、それはなぜか？ 答えが「いいえ」なら、なぜ注意を払わなかったのだろう？

あなたは、離婚率を調べずに結婚したのだろうか？ 喫煙絡みのガンの罹患率を無視して、タバコを吸い始めた？ このどちらかにでも「はい」と答えたなら、なぜ統計データを無視したのだろう？ データの存在を知らなかったから？ それとも、見ようとも思わなかった？ 当時は最高の気分で、リスクがそんなに高いとは感じなかったし、前に進むメリットのほうがはるかに大きかったから？ （これも「感情ヒューリスティック」の一例だ）。あるいは、「利用可能性ヒューリスティック」が「結婚も喫煙も危険じゃない」と告げたからだろうか？ 結婚のことを考えると、長年連れ添った老夫婦が手をつないでいる写真が目に浮かび、喫煙と聞くと、タバコを口にくわえて「タバコが人生を素晴らしいものにしてくれた」と語る108歳の女性の姿が思い浮かんだからだろうか？ もしくは、統計データを知りながら、平然と「喜んでリスクを取ろう」と考えたのだろうか？

ここには具体的な教訓はない。ただ、こうした経験に興味を持ってほしいだけだ。

2. 今、決断できずに困っている問題について考えよう
それはワクチン絡みのことかもしれないし、転職や新しい街への引っ越し、もしくは今迷っているほかの問題かもしれない。判断の役に立ちそうな、統計データや情報はないだろうか？

## ▼脱出のヒント⑩

・重要な決断をするときは、統計などの有効なデータが役に立つだろう。だから、自分が見落としていそうな情報を探して、どのヒューリスティックスが働いている可能性があるか考えよう。

# 先入観の恐ろしさ

## ――私たちを盲目にする二つのヒューリスティックス

### 先入観《バイアス》

調子はどうですか？　ヒューリスティックスについて読みながら、いちいちうなずいていいる？　ようやく理解できたけれど、そんなものが自分に影響を及ぼしているなんてまったく気づかなかった？　他人の意見をかき消せなかったり、ワンパターンな行動から抜け出せなかったりで、時々身動きが取れなくなる？　あるいは、そんな事例を見聞きしても、自分にではなくほかの誰かに起こっている問題だ、と思ってしまう？

こんな質問をするのは、**ヒューリスティックスを克服する際の大きな障害物の一つが、「自分が影響を受けているなんて夢にも思っていないこと」だからだ。**

それがわかるのは、私もそうだったからだ。当初は思っていた。「こんなわなにはまるのはほかの人たちであって私じゃない、と思い込んでしまう理由は、『私は間違いを犯しやすい』

と認めるのが怖いからだ」と。

また、私の仕事はほかの人たちの体験や苦しみに耳を傾け、彼らがどこで行き詰まっているかに目を向け、彼らの問いに答えることだから、常に他人に注目し、自分自身を見ていない。それも自分が影響を受けていると気づかない理由の一つではないか、と思っていた。

でも、そのどちらも的外れだとわかった。（驚くには値しないが）**私たちが、自分がわかっていないことを見えなくさせるヒューリスティックスを、ほかにも抱えているせいだった。**

たとえば、「確証バイアス」や「優越の錯覚ヒューリスティック」がそれに当たる。

## 1．確証バイアス——すでに持っている思い込みを強化する証拠だけに目を向けること

「確証バイアス」が人生で働いている事例は、数多くある。

たとえば、あなたが支持している政党はよいもので、対立する政党は悪いものだ、という話ばかりを見聞きするのではないだろうか？　また、パートナーとけんかしたあとは、相手があなたの言葉に耳を傾けていない証拠ばかりが目につくだろう。

あるいは、（自分は愛されていない／ぶさいくだ／バカだ、と思っていたら）他人の行動を、自分が何より恐れている事柄の証拠として受け止めるはずだ。そして、人生で出会う人たちのあ

らゆる行動を、その証拠として受け止め始める。

ただし、自分の思考や感情の証拠が得られるのは、先入観だけが原因ではない。政治家は時々本当にとんでもないことをするし、あなたのパートナーが本当に無神経なときもあるし、私たちが時折、批判されるようなバカなことをしでかすのも事実だ。それでも、用心しなくてはならない。**「確証バイアス」とは、真実を教えてくれる情報を無視することだから。脳が「今いる場所や、真実だとすでに信じている事柄を裏づける情報だけを探す」と決めてしまったら、人は行き詰まって抜け出せなくなる。**


また、目を光らせなくてはならない相手は自分の脳だけではない。**私たちは、「確証バイアス」の傾向に拍車をかけるようにつくられた、情報の洪水と向き合っている。**

スマホのアルゴリズムは、持ち主が見ている情報に注意を払い、どんどん同じ情報を届けてくるから、事実を確認するチャンスがますます失われる。おかげで、デマが信じられないスピードで広がっている。もしかしたら、ソーシャルメディアの投稿に字数制限があるような、一見害のない事柄も、デマが広がる一因かもしれない。字数が少ないから微妙な情報がそぎ落とされ、事実も一緒に失われる。

あるいは、ソーシャルメディアのサイトが、シェアされている意見の事実確認をしないのも一因だろう。もしくは、虚偽情報を流す組織的なキャンペーンのような、悪意に基づく行為が原因かもしれない。そのゾッとするような一例は、2016年のアメリカ大統領選挙の前哨《ぜんしょう》戦で発生した。

ロシア政府の資金提供を受けた「インターネット・リサーチ・エージェンシー」という企業が、3500以上の広告を繰り返し制作し、特定のソーシャルメディアのユーザーにフェイクニュースを流したのだ。

フェイクニュースはヒラリー・クリントンの選挙運動に害を及ぼし、選挙の流れをドナルド・トランプに有利になるよう動かしたという。[5] 約370万人がそれらの広告を見た。同社は、保守で悪名高いアメリカの報道機関「フォックス・ニュース」のパーソナリティのフォロワーに反移民の情報を流したり、「United Muslims of America（アメリカのイスラム教徒連合）」といういかにも本物らしい架空の団体のアカウントから「イスラム嫌悪やイスラム恐怖症をやめろ」という広告を発信したりした。さらには、「イスラム教徒を支えられなかった」とヒラリー・クリントンを非難する公開書簡が、選挙前に届けられた。[6]

日常生活のどこでヒューリスティックスが働くのか、そして、社会のより大きな力が、どんなときにヒューリスティックスを利用して、巧みに操り、私たちを身動きが取れない状態にするのか、それを明らかにするのは重要なことだ。

**何かを真実だと確信しているときに、自分が自分の「わざと反論する人」になってみるのは、誰にとっても役に立つ。**私の周りの多くの人が今、自分と正反対の意見を持つ新聞の記事を1日に（少なくとも）一つ読むことにしているのも、同じ理由からだ。彼らはわかっているのだ。いくつもの強固な意見の真ん中あたりに、おそらく真実がある、と。あなたは、居心地のいい「確証バブル」の外に踏み出すために、一体何をする？

これを読んで、「私は違う。そんな先入観の影響なんか受けていない」と思ったなら、きっとその通りだ。すでに本書で紹介しているようなエクササイズをして、ヒューリスティックスへの対処法を学んだ人は、先入観にとらわれにくい。この章が終わる頃には、みなさんがそうなってくれたらと願っている。

でも、もしかしたらあなたも、私と似ているかもしれない。私がこうして自分のことを暴露しているのだから、あなたも同じだったとしても何ら恥ずかしいことはない――たとえ「ヒューリスティックスの影響なんか受けていない」と思うのが、別の先入観の餌食《えじき》になっているせいだとしても……。

## 2．優越の錯覚ヒューリスティック――自分の能力を過大評価する傾向に

あなたはご存じだろうか？　**ドライバーの90パーセントが「私は平均より運転がうまい」と信じていることを。**[7]　また、81パーセントの人が、「私にはビジネスで成功する平均以上の見込みがある」と信じている話も知っている？　新しいビジネスの50パーセントが失敗に終わる、と聞かされたあとでさえだ。[8]

こうした統計上あり得ない話は、「優越の錯覚」の最たる例だ。

これは「ほかの誰か」に起こる現象ではない。ある時点で私たち全員に起こることだから、常に目を光らせておかなくてはならない。

私自身の「優越の錯覚」との闘いは、取るに足りないことから仕事絡みのことまでさまざまな分野に及んでいるが、どれも結構ショックだった。たとえば、「生まれつき絵の才能がある」と信じていたから、家で山ほどいたずら描きをしていた。そんなある日、人体デッサンのクラスに参加したところ、本格的なアーティストと出会って、みんなの才能にぶったまげた。いくら棒人間をうまく描けようが、そんなものは才能とは言えない、と思い知った。

また、神経科学の修士号を取ったばかりの頃は、自分は人間や人間の仕組みを包括的に理解できている、と信じていた。

ところが、メンタルヘルス・サービスで初めての患者さんを迎えると、すぐに気づいた。人間は人間生物学よりはるかに複雑で、目が点になることばかりだ、と。

**「優越の錯覚」をめったに自覚しないのは、私たちが傲慢、もしくは、うぬぼれ屋だからだ。**私がさっきの経験をしたときは、傲慢な上にうぬぼれ屋になりかけていたけれど。**傲慢になったりうぬぼれたりできるのは、ひとえに世間知らずだからだ**――つまり、最高のドライバーがどれほどの腕を持つのか、私の場合なら、アートを真剣に追求している人たちがどれほどのレベルなのか、人間がどんなに複雑な存在で、人間の魂が何を克服できるのか、何も知らなかったからだ。つまり、**人は何かに達成感を覚えると、「自分は人並み以上にできている」と思い込む傾向がある**のだ。

「優越の錯覚」が役に立つ場合もある。**「優越の錯覚」は人を楽観的にし、ビジネスをはじめ人生のさまざまな分野で、リスクを取る姿勢を後押ししてくれる。**

憂鬱《ゆううつ》な現実主義は、落ち込みや「挑戦したって無駄だ」という考えにつながりやすい。

初対面の人に会うときや、就職の面接に行くとき――あるいは、単に朝、家を出るだけでも――笑顔を浮かべ、今日何に取り組むにしろ、「やり遂げられるし、必ずやり遂げる」という気持ちでのぞんだら、周りから前向きな反応が返ってきた、という経験はないだろうか？　笑顔を返してくれたり、言葉に反応してくれたり。「また会えますか？」と尋ねてくれたり、仕事をくれたり、電車で席を譲ってさえくれたかもしれない。

ところが、翌日はそれほど前向きな気分で家を出なかったら、その日の結果は自分の気分に見合ったものになった――パッとしなかった――ということはない？　もしそうなら、自分の考え方《マインドセット》が、自分の状況の結果にどれほど根本的な影響を及ぼすかがわかる。

だから、「優越の錯覚」を何が何でも排除すべきだ、と決めつけないこと。状況によっては、目の前の仕事に自信が持てて、成績が上がるかもしれない。ただし、自信過剰がリスクをいとわない行動――スキルを過信して、高速道路でスピード違反をしてしまう、など――につながる場合は、命を危険にさらすだろう。

**統計によると、自信過剰な人たちは事故を起こしやすく、人生で（たとえば、お金をめぐって）誤った選択をしがちだし、戦争の原因とされたり、[9]株式市場のバブルや暴落の原因とされたりしてきた。[10]**

また、常に自信過剰な人の場合は、「行き詰まる」もう一つの原因が、怒りという形で現れることがある。怒りは、失敗したり批判されたりしたときに暴走する恐れがある。

私の患者の一人に、失敗したり、自分の考えに反対されたりすると、「個人攻撃された」と腹を立てる人がいた。彼が気づいていなかったのは、人から「完璧じゃない」「受け入れがたい」などと思われるのを恐れていたこと。

また、世間に見せているやる気満々の姿も、実は、自分を守るためのものだったこと。彼にとっては、白分の能力を買いかぶっていると気づいて、「失敗しても構わないし、それが普通だ」と理解するのは怖いことだったけれど、理解すると怒りもおさまった。時間と共に彼が学んだのは、謙虚になった今のほうが人から好かれること。それに気づくと、その後も完璧とは言えない素のままの自分でいられるようになった。

一方、**「自分は平均以下だ」という先入観を持っている人たちもいる。**それは自尊心の低さや、それまでの人との関わり方のせいで生じた可能性がある。自尊心で悩んでいる人のために、第3章で詳しく掘り下げたいと思う。

## 他人を理解する

誰もがヒューリスティックスの影響を受けている。だから、ヒューリスティックスを理解し、それを活かして、ほかの人たちのことも理解しようと努めることが大切だ。

**エクササイズ：次の24時間は、周りの人たちがどんなヒューリスティックスを使っているか、考えてみよう。**友達がいつも約束の時間に遅れてくるのは、あなたの時間を大切に考えていないからだろうか？　それとも、「計画の錯誤」のせいで、移動の時間をはるかに短く見積っているから？

パートナーが「あなたは絶対に「活動を記入しよう」をしないよね」と言ったのは、あなたが本当にそれをしないからだろうか？　それとも、「確証バイアス」のせいで、パートナーが自分の恐れを事実のように感じているだけ？

上司があなたの仕事に欠かせない新しい研究を無視するのは、彼の意見を裏づけるものではないから？

**このワークをするとき、自分がどんな気持ちになるかに気づいてほしい。**

「ヒューリスティックスが原因で、あんな行動を取るのかも」と気づいたら、相手の決断に対するあなたの感じ方は変わるだろうか？　目の前の状況にどう対処すればいいか、アイデアがわいただろうか？　いつも時間を守らない友達に文句を言うのではなく、移動にかかる時間を指摘してみる気になっただろうか？　パートナーとけんかするのではなく、あなたが「絶対にしないよね」と言われていることをして、パートナーを驚かせたときのことを「思い出してほしい」とお願いしてみる気になった？　上司に賛同するのではなく、「確証バイアス」について教えたくなっただろうか？

## ▼脱出のヒント⑪

・もっとよい決断をしたいなら、「私は何かを見落としているかもしれないし、間違っている可能性もある」という考え方に慣れよう。次のように、たびたび自問してみること。

「どんなデータを見落としている可能性があるだろう？」

「一つの情報源からしか情報を集めていないのでは？」

「私の判断／気持ち／決断は、自分の古い思い込みを裏づけているだけ？　それとも、自分にきちんと異を唱えている？」

「私の考えが疑問視されることは、どれくらい頻繁にある？」

「疑問視されたときは、どんな気持ちになる？」

「友達の何人が、私と違う見方をしている？」

「私はどんな先入観を抱えているだろう？」

「これらの答えに対応する、どんな準備ができているだろう?」と。

・大きな決断をするときは、審査員に行動や信念を説明しなくてはならない自分をイメージしてみよう。これで決断するときの感情の状態が変わるわけではないが、瞬時に判断していないか、思考に抜け穴はないかに目を向けられるだろう。

・覚えておいてほしい。誰もがヒューリスティックスの影響を受けているから、それについて知れば、自分自身だけでなく他人の行動を理解するのにも役立つのだ。

# あなたは何を望んでいるのか？
## ――自分が人生で大切にしているものを知ろう

この章の最初にご紹介した、親友を亡くしたアレッシアを覚えているだろうか？

みなさんに先ほど学んでもらったあらゆることを私と一緒に探求したあと、アレッシアは、学んだばかりのヒューリスティックスの知識にわくわくしながら、セラピーをあとにした。ところが、次の診察にはムッとした表情で戻ってきた。

偏見のせいで自分の判断が曇っている、と知って安心したはずなのに、彼女は不満を口にした。「**先生は、私の関心を奪い合ってるいろんな要素をかき消す手段をくれたけれど、私が何を考えているのかを知る方法は、何一つ教えてくれなかった**」と。

アレッシアの言う通りだ。よい決断をする第一歩は、間違った選択をさせる物事に気づくことだけど、**二つ目のステップは、自分が何を心から信じているのかを知ること。そのためには、自分が人生で何に価値を置いているのかを知る必要がある。**

あなたは何を大切にしているのだろう？　ほかの人たちの何を評価している？　人からどんなふうに覚えていてもらいたい？　このように自分に尋ねる時間を取ったことがあるだろうか？　あるいは、価値観（大切にしていること）よりも目標を重視しがちだろうか？

意味が伝わりづらいなら、説明しよう。目標とは、リストに書いてチェックマークをつけていくようなこと――昇給、パートナー、家、マラソンなど――を言い、価値観とは、あなたにとって大切な本質的なこと――自由、思いやり、安定、信頼性、熟練、健康など――を言う。目標は集中すべきことや、努力すべきことを教えてくれる素晴らしいものだが、たとえ目標を達成しても、そのあとに感じる幸せは、また次の目標を目指し始めると、あっけなく消えてしまう。一方、**価値観は、北極星のように人生の進路を照らしてくれる。**

あなたは、自分の大切なことは何か、もう理解できているだろうか？　まだなら、そろそろ明らかにするべきだ。

## 自分を知るための8ステップ

1．次に挙げた人生の各分野に、あなたにとって大切な順に番号をつけようそれぞれの分野が今、人生でどれだけ幅をきかせているかで、番号をつけないこと。自分が何を大切にしているか、そして、「理想の人生」を構築できるとしたら、それぞれの分野が、「理想のあなた」になるためにどんな貢献をしてくれるか、考えてみよう（たとえば、今はすべての時間を仕事に費やしていても、自分が大切にしているものを考えると、コミュニティや家族や健康を優先すべきかもしれない）。

- ☐ 身体の健康
- ☐ 教育、自己啓発や自己成長
- ☐ キャリア
- ☐ 娯楽やレジャーなどの楽しい時間
- ☐ コミュニティへの貢献
- ☐ 精神性《スピリチュアリティ》
- ☐ 友情や社会生活
- ☐ 恋愛関係、パートナーとの関係
- ☐ 子育て
- ☐ 家族や親戚との関係

2．最も重要だと判断した分野から始めて、最も重要ではないと判断した分野に至るまで、各分野の何を大切に思うか、書き出そう

たとえば、仕事を大切に思うのは、「仕事が情熱を感じる対象をくれるし、自分が責任を負い、自分の努力が認められ、経済的な安定を得る場所を提供してくれるから」かもしれない。

その場合、仕事であなたが大切にしているものは、情熱、責任、貢献できている感覚、安心感だ。あるいは、プライベートな時間を大切に思うのは、「プライベートな時間には、新しくてクリエイティブな取り組みを学べるから」かもしれない。その場合、娯楽であなたが大切にしているものは、クリエイティブであることと何かに熟練することだ。

3．人生の各分野で何を感じたいのかを書き出そう。自分にとって最も大切な分野から始めよう

「何を感じたいのか」にも、あなたの価値観が表れる。たとえば、恋愛やパートナーとの関係でつながりを感じたいなら、あなたが大切にしているものは、つながり、楽し

み、協力、サポートといったものだろう。

4．あなたの死後、ほかの人たちがあなたについて話すとき、どんなふうに思い出してほしいかを書き出そう

よく働く人として記憶されたいだろうか？　それとも、信頼できる人？　あるいは、思いやりのある人？　ここで求めているのは、リストにチェックマークをつけていくような事柄ではなく、本質的なものだ。あなたの価値観のリストに、そうした資質を書き加えよう。

5．半年後、1年後、5年後、10年後の「理想の自分」をイメージしよう

それぞれのライフステージで、未来の自分がどんな資質を持っているか、自問しよう。どんなアイデンティティを持っている？　未来のあなたは健康だろうか？　何かを信仰している？　一生懸命働いている？　そのときの自分がどんな価値観や目標を持っているか、書き出そう。

6．あなたの価値観と、今の生き方との矛盾に目を向けよう

自分が大切にしているものを1日の中にもっと組み込むには、何をする必要があるのかを書き出そう。そして将来、「理想の自分」になるための活動や目標を選ぼう。予想外の事態が起こって目標を達成できないなら——たとえば、病気になってマラソンに出られない、休職しなくてはならない、といった場合は——その目標であなたが大切にしているものを使って、そのニーズを満たしてくれる別の活動を選ぼう。

7. 第1章で作成した習慣のリストに戻って、自分の価値観に合う人生を生きるのに役立ちそうな習慣を書き加え、価値観に合わない習慣をリストから外そう

「付録1」の欄6に新しい習慣を加え、欄7〜11に記入し、それぞれの活動をどのように実行するのか計画を立てよう。ただし、一度に一つずつ新しい習慣に取り組むか、取り組みたいすべての活動に影響を及ぼす「要の習慣」を選ぶか、どちらかにしよう。そうすれば、新しい活動で1日がいっぱいになることはない。

8. 自分の価値観はわかっても、どんな行動を取るべきかわからないときは、「付録2」の問題解決のエクササイズを使おう

あなたが解決すべき問題は、あなたが次に何をしたいかによって決まる。たとえば、

「仕事では次に何をすべきなのだろう?」のように。

## 最後の障害物

あなたは今、そこを出て、しっかりと考えるのに必要な情報をほぼ手にした状態だ。でも、あなたを解放して休憩を取り、第3章に移る前に、紹介したい最後の障害物と最後の人物が存在する。その人の話は、今の私たちのように学びの核心に触れた人たちに影響を及ぼすだろう。

### 助けて! 抜け出せない

「今の仕事を始めて5年になります。設計・製造の仕事自体は大好きで、最初の数年間は最高でした。小さなチームだったから自分の裁量で選択ができて、給料もよくて、チャンスも公平に与えると約束されていました。ところがその後、会社が急成長すると、得意先とのつながりが薄くなり、公平にチャンスをもらえるどころか、僕らは機械の歯車みたいになってしまいました。新しい上司はみんなを、いえ、とくに僕を不当に扱っています。

パートナーからはずっと『楽しそうじゃないね』と言われていて、僕も半年ごとに『辞める』と口にするのですが、何かが起こって、そう、辞めていないんです。パートナーは僕が一生懸命働いていることを知っているから、最初は僕の代わりに会社に腹を立てていましたが、今ではどうやら、辞めない僕にムカついているようです。一体どうすればいいでしょう？　辞めたいのは確かだし、辞めてどうするべきかもわかっているのですが、飛び出すことができそうにないんです」

――ジャマール（29歳）

ジャマールがセラピーに来たのは、長くつき合っている男性との同居を目前にしていた頃だ。普通なら「夢がかなった」と感じる状況なのに、ジャマールは悪夢にうなされていた。彼には鬱《うつ》病の経験があり、数年前に最悪の状態のときに、「とても一緒にいられない」と当時のパートナーに捨てられた。新しいパートナーと同居して、またそう思われたらどうしよう？

この問題に対処しようと、私たちは鬱病の再発防止に努めると同時に、彼のどんな考えが不安と結びついているのか、どんな考えが問題をはらんでいるのかを明らかにしていった。先ほどジャマールが話していたことも、彼の恐れを引き起こしている多くの事柄の一つにすぎない。

この状況が少々目立っているのは、ジャマールがパートナーから「セラピーで話すべきだ」と勧められ、最初に話してくれた事例だからだ。ジャマールは、パートナーにそう勧められたことを「彼が腹を立てていて、そのうち出ていってしまう証拠だ」とおびえていた。そこで私たちは、**「考えを裁判にかける」というセラピーでおなじみの行動を取った。ジャマールの考えを裏づける証拠と、覆す証拠を探すのだ。**そういうわけで、ジャマールは、帰宅したパートナーに思いきって尋ねてみた。「怒って出ていくつもりなのか？」と。

すると案の定、パートナーは少しも怒っていなかった。ただ、ずっと不満には思っていた。ジャマールはなぜ、望み通りの行動を取らないのだろう？　と。

## 「やりたいのにできない」人間の心理

こういう話は、少しも珍しくない。ジャマールは職場がイヤで、ほかの選択肢もあるし、心から辞めたがっているように見える。では、なぜ辞めないのだろう？

彼には、楽しくない考えや会話を避ける癖があるのだろうか？　それとも、自尊心が低いせいで「今以上の仕事なんか見つからない」と思っているのだろうか？　あるいは、仕事でさんざん苦しめられて、「自分で何とかできる」とはもう思えなくなってしまったのだろうか？

人間の行動の理由は常に無数に考えられるけど、ジャマールの場合は――なんと、なんと――**別のヒューリスティックスが原因だった**（当たり前のオチで申し訳ない！　でも、この章のテーマはヒューリスティックスだし、ヒューリスティックスはあらゆるところに転がっている）。

あなたは、大切にしてくれない恋人とつき合っていたことはない？　別れるべきだとわかっているのに別れられないのは、10年も一緒にいて――そう、長い――ひょっとしたら、今後はマシになるかもしれない、と思うから。あるいは、ひどい映画を観て、途中で退席すればいいのに、「時間の無駄じゃないか」と嘆きながらも最後まで観たことはないだろうか？

どちらかの話にうなずいたなら、あなたにも若干、ジャマールのような経験があって、今から話す最後のヒューリスティックスにもなじみがあるはずだ。

**一つ目は「埋没費用効果《サンクコスト》」だ。**これは、すでに時間とお金を投資したから、ほかに論理的な理由が見当たらなくても、それを続けるべきだと信じる傾向のこと。時間やお金を投資すればするほど、最後までやり通す可能性は高くなる。たとえ「やめろ！」という警告が山ほど出ていても。**二つ目は、「現状維持バイアス」**。これは、人間がどんなときも、すべてを同じ状態に保つ傾向のことだ。

ジャマールは、ここ一番というときに、自分がいきなり逃げ腰になることに気がついた。人生の大きな変化の直前におじけづくのは、当然のことだ。人類は、不確かなことを避けることで、種として生き延びてきたのだから。とはいえ、あなたもジャマールも私も、もうそんな時代を生きているわけではないから、不確かさを受け入れることを学ぶ必要がある。

そこで私たちは、仕事を辞めるよい点と悪い点に目を向けることにした。

そして、ジャマールの「こうなったらどうしよう？」という恐れを、最後までたどってみた――。

問い：**「仕事を辞めて、それが最悪の決断だったらどうしよう？」**

答え：**「最悪の決断だったら、少なくとも自分でわかるはずだから、別の仕事に応募する。次の仕事がない状態で辞めても貯金がある。場合によっては、前の仕事にもう一度応募するのも悪くない」**

その後、驚くなかれ、ジャマールは別の仕事を求めて、本当に会社を辞めた。

そして……。

……しまった！　と思った。辞めた仕事が恋しくなったのだ。というのも、対立していた上司も同時に辞めたからだ。「仕事を辞めて、それが最悪の決断だったらどうしよう？」という一番の恐れが現実になってしまった。それでも、すでに計画は立ててあったから、うまくいくかどうかはわからなかったが、ジャマールは辞めた会社に連絡を取り、「空いている仕事はありませんか？」と尋ねた。そして半年が経った頃、前職に復帰した。やりたいこと、やりたくないことをしっかり把握した上で。

## うまくいかない道を選んだって構わない

「信じられない！　辞めなきゃよかったじゃないの」と思っているとしたら、それには賛同できない。もちろん、思いきって飛び出して、何もかもうまくいった人たちの事例も紹介できる。そういう結果が得られるのも、たいていは人生でいちかばちかのチャンスに賭けたときだ。とはいえ、そんな事例を紹介しても、人生がくれる何より重要な教訓を得ることはできない。

**ほとんどの人が「決断するのはとてつもなく難しい」と感じるのは、完璧な選択をしなくてはならない、と思うからだ。**みんな、チャンスは一度きりだと考えている。

でも現実には、最終決定なんてほとんどないし、新しいことに挑戦するたびに、得るものはたくさんある。その瞬間に正しいと感じる決断ならできるから、とりあえずやってみて、うまくいかなかったら、別のことに挑戦しても構わないし、元いた場所に戻れないか確認することだってできる。人生とは学びのプロセスだ。よい決断をしようとして、今しっくりくる判断をしたところ、長い目で見たら必要のない決断だった、なんてこともあるけれど……それはごく当たり前のことで、失敗の証拠ではない。

もちろん、仕事を辞めたり、誰かと別れたり、新しい街に引っ越したりしたあとに、以前の状態に戻れる保証はないから、軽々しく決断すべきではないだろう。それでも、よりよい決断を下すために、理解しておく必要がある。**その時点で最善の情報をもとに選択しても、うまくいかないことはある。**そして、それでも構わないのだ、と。どんなときも、ほかにできることはあるから。

**よりよい決断ができるのは、新しい情報や統計データを学び直し、自分の考えを改めることができるときだ。**とくに、以前の考えがもう通用しないことに気づいた場合は。

とはいえ、研究によると、多くの人はなかなかそれができない。

**人は、最初の考えを貫いてした決断で悪い結果を招いたときより、考えを改めたあとに「間違った決断」をしたときのほうが、長く自分を責める傾向がある**からだ。[11] いかにも人間らしいこの特徴が、意思決定を下手くそにしている。新しい情報を求める勇気を持とう。考え方を改める勇気を持とう。結局うまくいかない道を選んでも構わないのだ、と知る勇気を持ってほしい。

難しい決断を避けていたら、死の床で「後悔はない」と言える状態にはまずなれないだろう。勇気を出して、計画通りに進まないかもしれない不安や見通しと向き合った人のほうが、そこに至れる可能性は高い。

そろそろこの章を終わらせるタイミングが来たようなので、第1章のもふもふの友達を思い出してほしい。暖かな一角を目指して前進し続けた、勝者のマウスを。

あのマウスも、最初から正しい行動を取ったわけではない。コツコツ取り組み続け、頑張り続けるという決断を何度も繰り返して報われたのだ。あなたもきっと、そうなれる。

## ▼脱出のヒント⑫

・人生で何が大切かわかっていて、自分にとって最善の判断をしている自信があっても、人は、変化を起こすために必要な行動をなかなか取れないことがある。

・今の時点では最善の選択だが、よりよい情報を得たら変わるかもしれない——そんな決断を下すのに慣れるとラクになるだろう。多くの人は、「常に完璧な決断をしなくてはならない」と信じている。でも、現実には、ほとんどの決断はその瞬間に最善のものであれば十分だし、たいていまた覆せる。生死を分けるような決断でない限り、最初から100パーセント正しくなくても構わないのだ。

Chapter3

# 第3章

# 自己破壊

Self-Sabotage

セルフ・サボタージュ

# 拒絶を恐れるな

## ――理想の人生の実現を自ら妨げる行動

「自分が負った傷の不当さを糾弾しつつ、ふと目を落とすと、片方の手に煙の出ている銃を、もう一方の手に銃弾を握っている自分が見える」

――クレイグ・D・ラウンズブロー（アメリカのカウンセラー・作家）

２０１２年11月15日、テキサス在住の30歳のマーケティング・マネジャー、ジア・ジアンは、一見おかしな行動を開始した。その行動は１００日間続き、彼の残りの人生を変えた。**ジアは毎日、見知らぬ相手に思いも寄らないお願いをした。**

地元のドーナツ店に、「五輪《オリンピック》マークみたいにつながった、できたてのドーナツをつくってくれませんか？」とお願いしたら、意外なことに、つくってもらえた。ドミノ・ピザには「代わりに配達させてもらえませんか？」とお願いした（断わられた）。

ファッションブランドのアバクロンビー＆フィッチには「モデルをやらせてもらえません

か？」とお願いした（やっぱり断わられた。「筋肉が足りない」と）。

サウスウェスト航空には、全員が搭乗したときに「安全のアナウンスをさせてもらえませんか？」とお願いした（ここでも断わられた。安全のアナウンスのときは、ジアもシートベルトで座席にしばられていなくてはいけないから。その代わり、「歓迎のアナウンスなら構いませんよ」と言ってもらえた）。

そして、テキサス大学の教授陣には「授業を1コマ受け持たせてもらえませんか？」とお願いした（驚いたことに、コミュニケーションの教授が「いいとも！」と言った）。

## 100日連続で拒絶されることを選ぶ実験

ジアがこのミッションを開始したのは、30歳になって「人生でやりたいことの半分も成し遂げていない」と感じたからだ。ジアはいつだって、飛ぶ鳥を落とす勢いのビジネス界の大物になりたかったし、子どもの頃は、なれると信じて疑わなかった。ところがどういうわけか、一度もそこに近づけなかった。自分に正直になってみると、その理由がわかった。

**何かアイデアを思いついても、一歩前進できそうな大チャンスに恵まれても、多くの人と同じように、毎回その一歩が踏み出せなかった。**失敗したり拒絶されたりするのが怖くてたまらなかったからだ。そういうわけで、何かを変える必要があった。

ジアは、カナダ人起業家ジェイソン・カムリーの「rejectiontherapy.com（拒絶療法）」というウェブサイトを見つけた。

カムリーは「何度も繰り返し拒絶されることで、人は拒絶に鈍感になれる」と説いていた。

そこで、ジアはその理論を、自分なりの方法で試すことにした。１００日間連続で拒絶されることを目指したのだ。そしてこの実験から、三つの重要な教訓を学んだ。

**1. 拒絶されても死なない。**

**2. 「拒絶される」と思い込んでいたら、時々あっと驚くことが起こる。**

「了解。ドーナツを五輪マークにしてあげよう」とか「私のクラスを教えてくれ、ぜひ！」と言ってくれる人が現れる。

**3. 「無理」と断わられても、「どうして？」と聞けば、たいていの場合、思いがけない答えが返ってくる。**

たとえば、ジアが知らない家のドアをたたいて、「庭に花を植えさせてもらえませんか？」とお願いすると、男性が「ダメです」と言うので、「どうして？」と尋ねると、「うちの犬が掘り起こしてしまうから。でも、道を渡ったところに住んでる女性なら、喜ぶかもしれないよ」と言った。ジアが道を渡ると、女性はジアも花も歓迎してくれた。

実験は大成功をおさめ、挑戦する勇気がなかったはずのジアは、TEDトークが900万回以上も視聴され、『拒絶される恐怖を克服するための100日計画』（飛鳥新社）という本まで書いた。素晴らしい！

誰もがジアのように、人生を一変させる大きな挑戦をすべきだ、とは言わないけれど、ジアの挑戦から学ぶべき教訓があると思うのだ。そして、その教訓は、私たちを行き詰まらせる、もう一つの大きな課題を説明してくれている。習慣を改め、偏った考え方を克服する方法を知っても、用心しなくてはならない三つ目の要素があるのだ。それが、「**自己破壊**《セルフ・サボタージュ》」だ。

## なぜ自分でぶち壊すのか？

第1章、第2章では、望み通りの人生を妨げている習慣を特定する方法、目標に近づくために必要な習慣を身につける方法、そして、目標達成を支える決断をする方法について説明した。前の章の最後に、「現状維持ヒューリスティック」や「埋没費用効果《サンクコスト》」のせいで行動を起こせないことがある、と学んだ。

しかし、スタートラインに向かって走りだしても、スタート直前になるとブルッと震えて立ち止まってしまうのには、ほかにもさまざまな理由がある。そして、その大半が、自分でぶち壊す「セルフ・サボタージュ」に分類される。

**「セルフ・サボタージュ」とは、目標を達成して理想の人生を生きる能力を自ら妨げる行為のことだ。**たいてい故意の行動ではないが、ここでお話ししてきた多くの事象と同じように、脳が「自分には耐えられない」と思い込んでいる物事を避けるために取る行動だ。

**目の前の脅威を、のちに得られるご褒美よりも重視しているのだ。**ジアの場合は、輝かしい人生を望んでいるのに、「拒絶を回避しなくては」と感じてサボタージュを発動させ、ほしいものを獲得できるチャンスをことごとくつぶしていた。

サボタージュはさまざまな形を取り、さまざまな理由で発生する。自分でぶち壊しているとわかっている場合もあれば、自覚がまったくない場合もある。

私はそんな状況が発生するのを、クリニックで年がら年中、目にしている。人々は行き詰まり、前に進むことも人生の手綱を握ることもできなくなって、セラピーにやってくる。

彼らは何かがしたい／ほしい／何者かになりたい、と心に決めたものの、どんなに頑張ってもうまくいかないのだという。一見、その結果は運に左右されているように見えるが、少し掘り下げてみるとわかる。ラウンズブローが見事に表現したように、どの人も煙の出ている銃と銃弾を握りしめている。

そう、**計画が暗礁《あんしょう》に乗り上げているのは、ほかでもない本人の責任なのだ。**

行き詰まっている患者の中には、「パートナーがほしい」と訴える人もいる。それでいて拒絶を恐れているから、無意識に自分でチャンスをぶち壊している（拒絶されるリスクから身を守っている）ことには気づいていない。

「まじめにつき合うつもりはないよ」と言う人とデートしたり、恋人によそよそしい態度を取ったり。このセルフ・サボタージュは、とても人間らしい行為だ。

## 試験前なのに予定を入れてしまう

「事業を始めたい」「新しい趣味に挑戦したい」と思うけれど失敗が怖い、という患者の中には、頑《かたく》なに挑戦しないことでチャンスをぶち壊してきたことに気づく人もいる。**無意識に、「挑戦しなければ、『失敗した』と揶揄《やゆ》されなくてすむ」と思っているのだ。**

ところが、恐れに立ち向かって「やりたいことに挑戦しよう」と決意したあとも、別の形でぶち壊していることにはなかなか気づかない。たとえば、「新しい仕事がしたい」と言いながら、大事な面接の前夜に酔っ払ってチャンスを棒に振る人たちを、私はよく見かける。

**これがちょっぴり独特なサボタージュなのは、三つの働きをしていることだ。**

まず、アルコールが不安をやわらげてくれる。二つ目に、仕事を誰かに取られても言い訳ができる（「ひどい二日酔いだったから、合格するわけないよね」と）。そして三つ目に、万が一採用されたら、さらに体裁がいい（「本当にびっくりだよ！　ひどい二日酔いだったのに、、、、それでも採用されたんだから。俺って自分が思ってるよりデキるやつなんだ」と）。

この手のサボタージュは、研究文献では「**セルフ・ハンディキャッピング**」と呼ばれている。これについては、改めて手短にお話ししたいと思う。

セルフ・サボタージュは、私のクリニックだけに見られる現象ではない。ありとあらゆる場所で見られる。大学時代、私の親友のサンドリンは、試験に備えて勉強しなくてはならない時期に、新しいビジネスを立ち上げた。「今振り返るとわかる」とサンドリンは言う。

大学の勉強が不安で仕方なかったのだ。机の上に復習しなくてはならないノートが積み上がっていくたびに、恐れもどんどん積み上がっていった。だから、その感情からも勉強からも逃れたくて、あり得ないほど忙しく過ごした。そう、試験期間が始まるまで。その結果……何が起こったかはもうおわかりだろう。

最近のサンドリンは、何かの期限が近づくと、言い訳できないようにきちんと予定を空けることにしている。ところが、新しい問題が出てきたことに気がついた。仕事に取り組もうと机に向かうと、どっと疲れがわいてくるのだ。突如として、横になって休みたくなる。ほんの数分前に、好きなことをしていたときは、元気ハツラツだったのに。

**何かをするのを避けたいときは、その願いが意識場の外にあっても、脳はそれを回避する方法を必ず見つけるようだ。**

サンドリンの場合、疲労が恐れを回避するもっともらしい言い訳をくれた。ただし、彼女は幸い、自分のパターンを熟知しているから、その感情を受け入れるのではなく、疲れを「自分が押しつぶされそうなサイン」だと受け止めた。そして、仕事を小さな塊に分け、少しずつ取り組むことで乗り越えた。

あなたの人生にも、自分の行動のせいで行き詰まっている分野はないだろうか？　本の原稿を提出しなくてはならない週末に、家の塗装プロジェクトを引き受けたりしていない？　え、私だけ!?　**この章が終わる頃には、あなたも、自分がなぜ、どの分野でセルフ・サボタージュをしてしまうのかがわかるだろう。**それがわかれば、人生で本当にやりたいことの足を引っ張る行為をやめられる。

・私たちが時折人生に行き詰まりを感じるのは、「目標を達成しようとしたけど、うまくいかない」と気づいたときだ。うまくいかないのは、能力がないからではなく、幸せや成功のチャンスを自らぶち壊しているからだ。恐れ、苦しみ、恥ずかしさ、不快感、時には退屈、といった厄介な感情を回避するために。

# すべて爆破してしまう
## ——セルフ・サボタージュの悪循環

私たちは、ただ挑戦や失敗に対する恐れから、サボタージュをするわけではない。**望んでいた状況に身を置いたときにわいてくるであろう恐れや心の痛みを回避したくて、サボタージュに走ることもある。**

よく新聞で目にするはずだ。政治家やセレブが、薬物の乱用や不倫が世間にバレて、家庭生活を壊してしまった話を。

一人一人がなぜそんなことをしたのかは知る由《よし》もないけれど、セルフ・サボタージュの有名な事例の多くが、恐れやつらい感情と結びついていたことは想像に難くない。

失敗や拒絶への恐れ。自分はいまいちだという恐れ。寂しさをはじめ、何が何でも回避したい心の痛み。**サボタージュは、場合によっては権力や、自分の役割に対する期待と結びついている。**これについては、第5章で詳しくお話ししたい。

心に留めておいてほしい。サボタージュがいつ起ころうが、必ず克服する方法はある。サボ

ταージュにぶち壊される必要などないのだ。

## 助けて！　抜け出せない

「本当に家族がほしい。でも、里親家族に引き取られるたびに、何かがうまくいかなくなって、施設に送り返される。僕はどこかおかしいんだよ。以前は誰も僕をほしがらないいんじゃないか、って恐れていたけど、今はわかる。これはただの恐れじゃない。事実だよ。僕は永遠にここから抜け出せないだろう」

——当時14歳だったベンの衝撃的な言葉

「ベンには、里親と出会うチャンスがたくさんありました。いつも出だしはいい感じです。いい感じどころか、最初は夢のように仲よくなるんです。そして全員が『決まりだ！』と思い始めた頃に、ほころびが出始めます。家庭内でけんかが始まって、学校からも『感情を抑えられないようです』という報告が来るようになって、問題がエスカレートし、結局私たちのところに送り返されてくるんです。毎回パターンは同じ。にっちもさっちもいきません」

――アニー（ベンのソーシャルワーカー）

14歳のベンは、長年クリニックに通っていたから、うちのチームは彼をよく知っていた。彼を知る人たちの目には、ちょっぴり扱いづらいティーンエイジャーに映る。思春期で急速に成長し、慣れない身長になんだかふらふらして、手足をうまくかじ取りできていないように見える。優しくて愛想がよくておしゃべりな一面もあって、「紅茶を淹《い》れるのを手伝おうか？」と聞いてくれることもある（そういう繊細で素直なところを、ほかの若者に見られる恐れがなければ）。

彼を知らない人の目には、用心深い少年に見える。人見知りな態度に背の高さも相まって、威圧的だと誤解されることもある。でも、こちらが時間をかけて穏やかに自己紹介すれば、世間話をしているうちに、キットカットの両端をかじって紅茶に浸けてストローにするのが大好きなベンが、また姿を現わす。新しい里親候補に会うたびに、相手がベンを大好きになるのは、いつも時間の問題だった。

最初に何度か里親の決定が頓挫《とんざ》したときは、いくつもの要素が原因に挙げられた。「新しい家族に会ったのは初めてだったから」「相性がいまいちだった」「きょうだいたちの里親家庭から遠すぎた」などなど。けれど、**六つの家族と出会った今は、無視できない明確なパターンが見えてきた。**そろそろ何が起こっているのか、少し違った視点で考える必要がありそうだ。

**何かを世界一大切に思うと、とてつもないプレッシャーや不安が生じる。**

たとえば、誰かに「大好きだ」と伝えたいのに、伝えようとするたびにうろたえて、ふざけた言葉や冷たい言葉を浴びせてしまうことはないだろうか？　傷つくのが怖くて、つい身構えてしまうのだ。あるいは、職場で尊敬している先輩と話をしたいのに、いざ話しかけるチャンスが来ると、ぎこちない態度を取り、おかしな笑い方をして、自分らしくないふるまいをしてしまう。あるいは、ビジネスを立ち上げたいのに何一つできていない自分に気づくかもしれない。始めようと机に向かうたびに「完璧にやらなくちゃ」というプレッシャーがかかって、頭が真っ白になってしまうからだ。

ベンが世界一ほしかったものは何だろう？　家族だ。新しい里親家庭に引き取られると、いつも最初はスムーズに進む。ベンはいつものベンでいられる。**ところが、家族を大切に思い始め、家族も愛情を返してくれるようになると、心の奥から恐れがわき始める。**「この人たちにも追い出されたらどうしよう？」と。

そんな結果を思い浮かべるたびにパニックになって、感情の手綱を握れなくなり、結局怒りを爆発させてしまう。これはサボタージュではない。感情に圧倒されているのだ。

## 挑戦しないから、「できない」と思ってしまう

怒りが恥ずかしさに変わると、さらにパニックになって、ますます常軌《じょうき》を逸《いっ》した行動を取った。里親家族も、のちには学校もベンの行動について話し合おうとしてくれたけど、ベンは最悪の恐れが現実化しようとしている、と感じた。「この子はどこかおかしい、とみんなが思ってる。そろそろ施設に戻されるな」と。追い出されると思い込むと、もう事態を改善しようとはしなくなった。セルフ・サボタージュを始めて、自分を窮地に追い込むような行動を繰り返した。ベンは、なぜそんなことをしたのだろう？

ジアと同じように、ベンも拒絶されるのを恐れていたけれど、チャンスをボツにするどころかぶち壊していた。拒絶される恐怖で自制心を失うと、「また捨てられる」と思い込んだ。それは耐えられないから、自分なりに何とかしようとした。「最悪の行動を取れば、少なくともすぐに、自分の好きなように終わりにできる」と。

ベンは自分が問題なのだ、と思っていた。もちろん、そんなことはない。子どもの頃に捨てられた経験のせいで、拒絶される恐れが手に負えないほどふくらみ、何かがうまくいき始めると、毎回「もうすぐダメになる」と思い込むのだ。そして残念ながら、その通りになるような

行動をエスカレートさせる。そして、本当にダメになった途端に、その結末を自分が導いたことを忘れて、心の奥にある恐れは真実なのだ、という証拠だけに目を向ける――「ずっとそばにいてくれる人はいなかった。僕をほしがる人なんかいないに決まってる」。これは、「**サボタージュのサイクル**」の典型的な事例だ。

## セルフ・サボタージュのサイクルから抜けだす方法

### サボタージュのサイクル

■**根深い思い込み／物語**

「私は愛されない」「私は出来損ないだ」など。

↓

■**引き金《トリガー》**

（デートをする、新しい仕事を始めるなど）やりたいこと、やる必要があること、参加したいことについて考えると、根深い思い込み（恐れ）が発動する。

↓

■感情

不快感やそれ以上の感情がわいて、「やめろ。荷が重すぎる」「お前には危険すぎる」「うまくいくわけがない」などと告げてくる。

↓

■サボタージュ

「安全だ」「自分でかじ取りできている」と感じられる地点まであなたを引き戻す、あらゆる行為のこと。通常、背後に隠れた理由を意識せずに行われる。

↓

■**状況が変わらないので、根深い思い込み／物語が裏づけられる**

セルフ・サボタージュは、激しい不快感を消してくれる。また、心の奥底にある恐れや古い思い込みだけを裏づけるような状況をつくり出す。ジアが自分の年齢を失敗の証拠だと考えたのは、ずっとやりたかったことをまだ果たしていなかったからだ。**大切なことで失敗しないよう、職場で挑戦しないでいると、何の変化も起こらないから、「自分は出来損ないだ」と感じるようになる。そうして、「サボタージュのサイクル」が続く。**

ベンにとっての解決策は、「100日間拒絶され続けること」ではなかった。生まれてこのかた、連日そんな気分だったから。ベンに必要なのは、**なぜそんな気分になり、なぜそんな行動を取ってしまうのかを理解するための、思いやりとサポートだった。**

ベンには、感情を建設的に表現する方法を教えてくれる誰かが必要だったし、安心感をくれる家族が必要だった。このプロセスの一番重要なパートは、**セルフ・サボタージュの仕組みと、それがいかに人を行き詰まらせるのかをベンに教えることだった。**時間が経って「何とか対処できそうだ」と感じてはじめて、ベンは恐れに立ち向かい、「恐れは克服できる」と学ぶことができた。だから、次の里親家庭では、初日に家族に伝えた。「捨てられるのが怖くなると、普段と違う行動を取ってしまうんだ。でも今回は、態度で示すのではなく、怖い気持ちをみんなに言葉で伝えようと思ってる」と。人生を変える、大きな大きな一歩だった。

この章の何かが心に響いたなら、覚えておいてほしい。セルフ・サボタージュをしている自分を責めても、何も解決しない。なぜそんなことが起こっているのか、どう対処すればいいのかを知ることが、解決につながる。

## ▼脱出のヒント⑭

・サボタージュは、安全を求める手段だ。短期的には心の痛みをやわらげてくれても、長期的には必ず、恐れていることを裏づける結果になる。

・サボタージュで人が行き詰まる理由は、思いきった挑戦ができなくなるから、というだけではない。せっかくのチャンスをフイにするような行動を取ってしまうからだ。

・私たちがサボタージュに気づくのは、ジアやベンのように、自分の人生に無視できないパターンがあることを認めたときだ。

## あなたが行き詰まっているのは、セルフ・サボタージュのせい？

・自分に尋ねてみよう。この章の事例のどれかを、自分のことのように感じる？

あなたは、失敗しそうなことを回避する傾向があるだろうか？ それとも、人前で自分を卑下《ひげ》してしまう？ 大切な人をつい試してしまう？ 避けられないミスを犯したとき、（誰だってミスをするのに）そこで学んだことに目を向けず、しつこく自分を責めている？ あるいは、苦しくなるたびに浮気をして、「何で僕の周りでは、何もかもバラバラになるんだ？」などと首をかしげ、それを人間関係がうまくいかない証拠だと思っていない？ もしくは、こういう本を買っても、エクササイズに一度も取り組まず、「何で変化がないの？」と不思議がり、それを変われない証拠だと思っていないだろうか？

・サボタージュだと思われる行動に気づいたら、短期的には安全に過ごせても、長期的には問題になるような行動を取ってしまう、あらゆる原因を思いつく限り書き出そう

多くの理由がある場合も、ためらわずにすべて挙げよう。時間と共に、どの理由があなたの共通テーマなのかが見えてくる（たとえば、新しい活動を回避しているとしたら、それは失敗を恐れているから？ それとも、他人に批判されるのを恐れているから？ 自分を卑下す

るのは、そうすれば他人から批判されない、と思っているから？　大切な人を試すのは、「自分は愛されない」という恐れがあって、好きだと言ってくれる人たちが本気だという保証がほしいから？）

・次の24時間は、サボタージュだと思われる瞬間を探して、リストにしよう

第1章で「悪い習慣」と呼んでいた行動が、それに当たるかもしれない。あるいは、まったく新しい何かかもしれない。たとえば、完璧主義者だから、完璧にできる自信がない活動はやめたくなる自分に気づくかもしれないし、支配欲求のせいで、仕事を分担したり、誰かに仕事を任せたりできない自分に気づくかもしれない。

覚えておいてほしい。こうした気づきのエクササイズは、初心者向けのマインドフルネスの練習だ。今に意識を向ける「マインドフル・アウェアネス」は、習慣やヒューリスティックスに対処する助けになるだろう。また、サボタージュに関しても、あなたが自分のパターンに目を向け、前に進む新しい方法を選ぶ役に立ってくれる。

# サボタージュもどき

## ――それは性格特性？　子ども時代の習慣？

みなさんへの重要なお知らせ：人生のすべてのパターンが、安全を求める行動だとは限らない。では、セルフ・サボタージュと混同されやすい三つの状況をご紹介しよう。

### 1．五つの性格特性《ビッグ・ファイブ》

**ある種の性格特性は、40～60パーセントは遺伝で決まる**（DNAを通して受け継がれる）。その特性とは、「協調性」（あなたがいかに協力的で、人を信頼し、思いやりがあって、人に好かれる人物か／そういう人物を目指しているか）、「誠実性」（あなたがいかに勤勉で、成果志向で、頼りがいがあって、きちんとした人物か）、「外向性」（あなたがいかに社交的で、熱意があって、意欲的で、積極的な人物か）、「神経症的傾向」（あなたがいかに心配性で、感情が不安定で、それらにどう対処する人物か）、「経験への開放性」（あなたがいかに想像力豊かで、オープンで、慣習にとらわれず、知的好奇心が強い人物か）の五つだ。これらの性格特性は「ビッグ・ファイブ性格テスト」で測定できるとされており、知っていると大いに役立つだろう。

私の友達のマヨワは、新しい人と出会ったりデートしたりするたびに、わくわくしすぎるきらいがある。直近の恋の相手について、誰も見たことがない貴重な宝石のように話してくれるが、数週間後には、いつものようにその人も、ビーチの小石の一つに格下げされている。

ある晩、ワインを飲みながら、共通の友達がマヨワに言った。「あなたはいつも新しい人間関係にはすごく力を入れるけど、目新しさがなくなると、すっと離れてしまうよね」と。マヨワが話に乗ってきたので、友達と一緒に尋ねてみた。「それって、あなたのパターンじゃなくて、たまたまの現象なのかな？　それとも、いわゆるセルフ・サボタージュってやつ？　あるいは、ほかの何か、たとえば性格特性みたいなものかな？」と。

**マヨワが「ビッグ・ファイブ性格テスト」を受けてみると、どうやら性格特性のようだった。「経験への開放性」が高く、「協調性」と「誠実性」が低い。**つまり、新鮮味を感じなくなると、誰かとさらに協力し合ったり、つながり合ったりする意欲を感じにくい人なのだ。

最初は疑わしそうにしていた友人のエイミーが、これを見て「私も性格テストを受ける」と言いだした。その表情からはどうやら、「こんなテストはでたらめよ」とみんなに証明するつもりのようだ。そういうわけで、エイミーがテストを受けている間に、私たちはさらにワインを飲んだ。そのうち、エイミーが大騒ぎを始めた。テストの結果が、長年知りたかったことを説明していたからだ。

彼女は目標を達成したり、猛烈に働いたりした経験があるのに、普段は何の前触れもなく、締め切りのある仕事でもやる気がプツンと切れたりして困っていたのだ。本人はこれが先延ばしの問題なのか、サボタージュの一種なのか気になっていたのだが、テストの結果がその謎を解き明かしてくれた。エイミーは「誠実性」が低く、「協調性」が高かった。

つまり、ほかの人たちが関わり、締め切りを守らないと誰かを怒らせる恐れがある場合はやる気が出るのだが、ほかの人が関わっていないときは、急ブレーキを踏んだり、ゴールに一向に近づけなかったりしたのだった。

自分の性格特性を知ったからと言って、マヨワのように椅子の背にもたれ、隣の椅子に両足をドン！　と投げ出して「ああ、俺はこういう人間だ。つき合うか離れるか決めてくれよ」なんて言わなくちゃいけないわけではない。その場にいた全員が、「違う、違う、そういうことじゃない！」と慌てて否定した。

**自分の性格特性を知れば、自分の強みを活かして目標を達成するチャンスが増える。**たとえば、マヨワのように「誠実性」と「協調性」が低く、「経験への開放性」が高いなら、強み（経験への開放性）を活かして、もっと他人のためになるような行動を取ることもできる。

新しい知識を得るのが好きな性格を活かして、前向きでお互いのためになる社会的な行動について――そうした行動がなぜ他人を喜ばせるのか、自分も長い人づき合いから何を得られるのかを――学ぶこともできる。あるいは、デートの相手に、「新しい活動を一緒に学ぼう」と提案することもできる。また、エイミーのように、一人で取り組むと動けなくなるタイプなら、自分の強み（協調性の高さ）を活かして、集中力を高められる。尊敬している人や、一緒に働きたい人たちと仕事をすれば、やる気を保てるはずだから。

## 2．子ども時代に学んだパターンの繰り返し

**サボタージュに見える行動が、単なる学習行動――幼い頃に身につけた習慣――の場合もある。**わかりやすい例を挙げよう。親が悲しみをアルコールで紛らわせる姿を見ていたなら、今、厄介な感情がわくたびに、同じような行動を取っているかもしれない。

では、ややわかりづらい例を挙げよう。親が親しい人たちに、愛情をかけたり罵倒したりを繰り返す姿を見ていたなら、大人になった今、新たに誰かと親しくなると、あなたの意地悪な

面がふと顔をのぞかせるかもしれない。

あるいは、人間関係がうまくいかなくなると去ってしまう大人を見ていたなら、つき合いだした頃ほど楽しくなくなった瞬間に、逃げ出したくなるだろう。

こうした行動の結果はどれも理想の人生の邪魔をする可能性があるが、いわゆるサボタージュではない。そうした状況では、安全を求めているわけではなく、おなじみの行動を取っているにすぎないからだ。第5章では、世代を超えて発生するパターンに注目し、その克服方法を詳しくお話ししていく。

### 3．スキル不足

**セルフ・サボタージュに見える行動が、「新しいスキルを学びなさい」というサインの場合もある。**たとえば、多くの人間関係がうまくいかないのは、当事者が自分に必要なもの、好きなもの、嫌いなものをわかりやすく相手に伝える方法を、人生で出会った人たちから学んでいないからだ。また、「一人っ子」の中には、大人になってから、競争に参加したくない、トップの座をめぐって争いたくない、と気づく人もいる。子どもの頃に健全な（あるいは、不健全な）競争を学ばなかったからだ。海面上に全体の10パーセントしか姿を見せていない氷山と同じように、目に見える行動の根底には、たくさんの理由が隠れているかもしれない。**目標達成を妨げる人生のパターンや行動のすべてが、セルフ・サボタージュだとは限らない。**それを明らかにするために、次のボックスを活用してほしい。

## どこでうまくいかなくなるのか、発見する三つのステップ

サボタージュかもしれない、自分を行き詰まらせるパターンに気づいたら：

1. オンラインで「ビッグ・ファイブ性格テスト」を受けよう
何が自分の強みかに目を向け、何を強化する必要があるかを考え、理想の人生を構築するために、その情報をどう活用できるか自問しよう。

2. その行動パターンに最初に気づいたのはいつか、自分に尋ねよう
答えが「物心ついた頃」なら、人生の別の時点で、誰かが同じ行動を取っているのを見た記憶がないか、考えてみること。ほかの人の行動を見たことを思い出したら、それ

は、置き換える必要のある「悪い習慣」として扱おう。新しい信念を選び直し、また悪い行動がぶり返すとしたら、どんなきっかけでそれに気づくかを考え、そのとき、代わりに何をするかを考えよう。その際に「してはいけないこと」については、第5章で明らかにしたいと思う。

3. それが、その分野のスキル不足のせいで起こっているのかどうか、自分に尋ねよう答えが「はい」なら、行き詰まりから抜け出すために、どんな取り組みができるか判断しよう。

## ▼▼脱出のヒント⑮

・サボタージュに見える行動は、実はサボタージュではなく、ほかのこと――性格特性や子どもの頃に身につけたこと――と関係しているかもしれない。

# こっそり忍び込むサボタージュ

## ——デートにパジャマを着ていく女性の心理

サボタージュの知識が豊富になると、たいていこんな疑問が浮かぶ。「これのどこまでがサボタージュで、どこまでが状況によるものなんだろう?」。私はいつもこう答えている。**「見当がつかないなら、五分五分だ（50パーセントはあなたが原因で、残りの50パーセントはあなた以外のことが原因だ）と考えて、そこから取り組めばいいですよ」**と。

そうすれば、自分を責めすぎる人は「何もかも自分のせいだとは限らない」とわかるだろうし、いつも他人のせいにしている人は、わが身を振り返ることができるだろう。

▼助けて！　抜け出せない

「デートにまつわるトラブルのどれが私の行動のせいで、どれがたまたま起こったことなんだろう?　つまり、まだいい人に出会えていない、ということ」

## ――ゾラ（37歳）

ゾラは驚くほど自立していて、とびきり頭がよくて、面白くて、とてつもなくおしゃれだ。最後の一言は表面的な話に聞こえるけれど、ここ重要だから！　ゾラがセラピーに来たのは、ただ来たかったからだ。治す必要のある急性の症状はないし、対峙しなくてはいけない過去のトラウマもなさそうだ。単純に、彼女は信じているのだ。充実した人生を送りたいなら、セラピーを受けるのがお勧めだ、と。

ゾラは人々の行動に興味をそそられている。そして、自分にもまだ自覚していない人生のパターンがないか、知りたくてたまらない。私は時折思っていた。ゾラは、私のセラピストの先生が「一緒にショーを見てくれる誰か」と呼ぶ存在がほしいだけなのでは？　と。別に批判しているわけじゃない。私を含む多くの人が、そういう存在を求めている。つまり、自分という存在の証人になってくれる人がほしいのだ。一緒に人生の浮き沈みを分かち合い、自分を心から理解して、進んで一緒にいてくれる誰かが。

ある日私は、この考えがしっくりくるかどうかゾラに尋ねてみた。そして、「セラピー以外の場所にそういう人はいないの？」と聞いた。「いない」とゾラは答え、「実は出会いを求めている、と認めるのが恥ずかしいの」と打ち明けた。

恥ずかしい理由は、愛やパートナーを求めているなんてみっともない、と思っているから。強い人間はそんなものを求めない、と信じているのだ。強い人間は一人でいるほうが幸せだ――これは、いわゆる「**リミッティング・ビリーフ**」［訳注：考え方や感じ方を制限する思い込み］だ。これも、「自分の願いやニーズを話してはいけない」と自分自身に命じる、ある種のサボタージュだ。理由は、話したら弱い人間に見えるから。

ゾラはこの話題に慣れてくると、10年間にわたってほぼ切れ目なく誰かとデートしてきた、と話してくれた。「いい人にめぐり会えないいんじゃないか、と焦り始めてはいるけど、誰でもいいから妥協する、なんてつもりも絶対にない」と言い切った。

私たちは、先ほど紹介したゾラの重要な問い――デートにまつわるトラブルのどれが私の行動のせいで、どれがたまたま起こったことなんだろう？――に答えるために、セラピーに取り組んだ。**私がいつもやるように「五分五分」の地点から始めて、過去のデートがうまくいかなかった理由を挙げてもらった。**

では、サボタージュではなかったわかりやすい事例を挙げよう：単純にウマが合わなくて別れた、将来に対する考え方が合わなくて（ゾラは子どもがほしくないけど、相手はほしがっていた、などで）別れた、性欲が薄れるととくに絆がないことが判明して別れた。

では、「ゾラ」が原因だったわかりやすい事例を挙げよう：「うまくいかない」という恐れから デートを断わってしまった、ゾラが新しい恋人と親密になれると思って繊細な情報（自分自身の嫌いなところ）をすべて伝えたのは、もしかしたら相手を遠ざけるためだったのかもしれない。

ほかにも、もっとわかりづらいサボタージュもしていた。

ある日、ゾラは「パジャマのままデートに行ったことがある」と言った。時々セラピーのときも着ている、日中に着てもおかしくないおしゃれなパジャマスーツではない。クリスマス用のパジャマに虫食いセーターで出かけたのだ。理由は「おしゃれしていようがいまいが、ありのままの私を好きになってほしいから」。その気持ちはわかる。ずいぶん長い間、女性たちは他人の目を引くように、魅力的に映るように装わなくてはならない、と教わってきた。

そんなの納得できない。なぜありのままの自分じゃダメなのか？ なぜ素のままの自分を愛してもらえないのだろう？ そういうものに「クソ食らえ」という姿勢は力をくれるし、フェミニストとして、私も心から賛同する。でも、セラピストとしては、知っているのだ。**拒絶を恐れている人、「拒絶される」と思い込んでいる多くの人が、デートに行って、まだ始まって**

**もいないのに――たとえば――何の努力もしないことでぶち壊してしまうことを。**ゾラの話も、その一例のように聞こえる。

想像してみてほしい。努力してくれた人との初デートと、起き抜けの姿でやってきた人との初デートを。それぞれの装いがどんなシグナルを送っているか、考えてみてほしい。

努力するかどうかで、届くメッセージは違う。「私は自信に満ちている。自分をケアするのが好きだし、このデートは努力するに値すると思ったの」。努力しない人はおそらく……それと正反対のメッセージを送っている。

## 安全を求める「らしくない行動」

ゾラによると、パジャマでデートに出かけても最高の気分じゃないことは自覚していたし、そんな装いを選んだ自分を正当化しようと、ちょっぴり身構えていることにも気づいていた。「男はいつだって女に完璧でいてほしいと思ってる。そんなのもううんざり！　これも家父長制の証拠の一つよ！」と。家を出たときはパワーに満ちていたのに、デートの場所に着く頃には、けんか腰になっていた。

この行動をさらに深く掘り下げていくと、ゾラがハッと気づく瞬間が訪れた。

**「信じられない！　私はいつもデートがうまくいかないことを心配してたんだ。だから、始まる前に、うまくいかなくなる方法を探してたのよ！」**

パジャマ姿でデートする人たちがみんな、セルフ・サボタージュをしているとは限らないし、服のチョイスで誰かを批判するつもりなんて毛頭ない。

ただ、私はゾラをよく知っているから、これが「らしくない」行動で、デート中の彼女のサボタージュのパターンと一致していることがわかったのだ。この話をしたのは、安全を求める行動がこっそり忍び込んでいる場合がある、と伝えるためだ。ヒツジの皮（もしくはパジャマ）をかぶったオオカミではないけれど、自分の思い込みや恐れに気づいていないと、忍び込んだサボタージュをうっかり見逃しかねない。

## ▼脱出のヒント⑯

**・自分が自分のパターンに対して思いのほか大きな影響力を持っていることに徹底的に向き合ってはじめて、自分でこしらえた障害物を特定し、それを変えることができる。**

**・サボタージュとは思えない考えをあれこれ検討しているうちに、実はサボタージュだった、とわかることもある。これは、公平な判断ができる友人やセラピストと一緒に行ったほうが、ラクに進むだろう。**

## どんな恐れがサボタージュを引き起こすのかを知る

1. 自分の潜在力、愛される力、雇用され得る能力《エンプロイアビリティ》、人生で行動を起こす能力について、真実だと思うことを書き出そう

そのどの分野でも自分には潜在力がないかもしれない、と恐れている？　そうだとしても問題はない。どんな恐れに注意を払うべきかを知る必要があるだけだから。

また、自分について、あることを思うときもあれば、まったく逆のことを思うときもある、と気づいたら、それはごく普通のことだ。多くの人が「私は出来損ないだ」「僕は愛されない」――そんなことばかり考えてしまうときがある。あなたもそうなら、

**「私は時々……ではないか、と恐れている」と言葉にしてみよう。**

2．先ほどエクササイズで作成した、「サボタージュだと思われる瞬間」のリストに戻って、リストに書いた恐れが裏づけられた経験はあるか、自問しよう。答えが「はい」なら、**それを引き起こすために自分がしたかもしれないことを考えてみよう。**これを考えるのが恐ろしいことは重々承知している。だから、まずは私から挑戦してみる……。

私は絆の強い友達のグループがほしいのだが、心の底では「みんなが私をよく知ったら、一緒にいたいと思うほど好きでいてくれないかもしれない」と恐れている。

こんな恐れを抱くのは、若い頃の体験のせいだ。私の人生には、あるパターンが存在している。

誰かに会うとすぐ意気投合するのだが、その後何度か会うと、最初ほど盛り上がらなくなるのだ。それは、初めに思ったほど私が素晴らしい人間じゃない、と相手が気づいたせいに違いない。振り返ってみるとわかる。初対面のときには、何のリスクもない。相手に入れ込んでいないから、遠慮なく「自分自身」でいられる。でも、いったん相手を好きになると、恐れがわいて、尻込みし始める。イベントの誘いを断わったり、そっけない態度を取ったりしておきながら、「なぜ最初の盛り上がりがしぼんでしまったんだろう？」と首をかしげる。では、次はあなたの番だ……。

3．サボタージュだと思われるものを明らかにしたら、今後何に注意を払う必要があるのかを書き出そう（その行動のきっかけを特定するのだ）。そして、代わりに何をするべきかも書き出そう

たとえば、私の場合は、**新しい仲間とやりとりするときの癖に注意を払い始めた。**私は「メールやチャットをしてくれない」と考えると、うろたえて心を閉ざすのだが、これを「STOP」の手法を実践するきっかけに使って、「そもそも私から話しかけていたっけ？」と自問してみた。すると、たいていの場合、相手が連絡をくれないのは、私が動機を与えていないからだった！

そこで、私からメールを送るようにした。そして、ありのままの自分を認め、自分を慈《いつく》しむ「セルフ・コンパッション」という手法を実践し始めた。理由は、**サボタージュを克服するためには、自分がなぜそんな行動を取るのかを理解し、新しい行動を選び、そもそもサボタージュに駆り立てた感情的なニーズを満たしてくれる、ほかの方法を選ぶ必要がある**からだ。

私は、「セルフ・コンパッション」で拒絶される恐れに対処している。あなたは、恐

れを乗り越える自分をサポートするために、一体何をするだろう？

4．あなたが作成した目標のリストや、人生に取り入れたい習慣のリストに戻ろう

リスト上の、恐れのせいでサボタージュしてしまいそうな項目にすべて丸をつけ、それに対処するために何をするかを決めよう。

5．新しい行動を実験的に試す計画を立て、何が起こるか見てみよう

ジアは、100日間拒絶されるプロジェクトを開始した。私はいつものように尻込みせずに、新しい仲間に自分から連絡を取り続けた。その間、不安はどんどんふくらんでいったけど、その分、新しい仲間とのやりとりも増えていった！　あなたも、新しい行動を試すために何ができるか考えてみよう。

覚えておいてほしい。あなたは第1章で学んだスキルを、ここで使うこともできる。たとえば、**新しい行動を試す準備がまだ整っていないと感じるなら、あなたは変化のサイクルの「無関心期」か「関心期」の段階にいるのかもしれない。だから、「試さなかったら、どうなるだろう？」と自分に尋ねてみよう。**

現状に留まることと、新しい挑戦をすることのよい点と悪い点は何だろう？

また、第2章でジャマールが使った手法を用いて、「こうなったらどうしよう？」という恐れを最後までたどってみることもできる。

たとえば、「最悪の事態が起こったらどうしよう？　どう対処すればいい？」と問いかけるのだ。「付録3」には、恐れに立ち向かう段階的な手引きを用意しているので、この分野をさらに掘り下げたいなら、今活用してほしい。

# アイデンティティとサボタージュをする人

## ——性別や常識に対する「ネガティブな思い込み」にご用心

ご存じのように、恐れはセルフ・サボタージュの大きな原動力だが、ネガティブな思い込みも負けてはいない。おそらく最もよく話題に上る、**サボタージュを引き起こすネガティブな思い込みと言えば、「私はいまいちだ」「トップの座は一つしかない」「完璧な瞬間を待ってから始めるべきだ」「私は必ず拒絶される」などが挙げられる。**

どれもこれも、「大変な時期を乗り越えられそうにない」「始める前からあきらめている」という意味だ。転ばぬ先の杖として、うまくいかないかもしれないあらゆることを心配すべきだなんて、間違った思い込みだ。そんなことをしていたら、起こりもしないことでパニックに陥る（理由もなく苦しむ）羽目になる。

あるいは、「恐ろしいことが起こるかもしれない」というストレスにさらされた上に、そのストレスから解放されるのは、本当に恐ろしいことが起こったときだなんて、二重の悲劇ではないだろうか。

恐ろしいことが起こる前には、どう考えても何らかの警告がもらえるはずだ。とはいえ、人生のリスクに備えるのは賢明なことだから、心配で頭をいっぱいにすれば、万が一事が起こったときにどう対処するかの判断に大いに役立つに違いない。ところが、ほとんどの場合、そうはならない。**座って、起こるかもしれない最悪の事態を想像すると、恐れが次々にわいてきて、「こうなったらどうしよう？」と解決策がないまま延々と悩み続けるのだ。**

また、めったに話題には上らないが、サボタージュを引き起こすことで知られる、ほかの思い込みもある。

第2章では、固定観念《ステレオタイプ》と「ハロー効果」（誰かの人格全体を、アイデンティティの一部をもとに判断すること）について学んだ。では、**アイデンティティにまつわる固定観念が、三つの手段を使って、どのようにセルフ・サボタージュを引き起こすのかをお話ししたいと思う。**

### 1．固定観念は、誰が、何を、いつやるべきかを告げてくる。だから、人は固定観念から外れた行動を取ろうとすると、自分で自分を制限してしまう。

サボタージュのやり方には、ジェンダーによる違いがあることを、あなたはご存じだろうか？　たとえば、次のように。

・**女性は仕事に応募する前に、すでに必要な基準を満たしているのに、「ほかの資格も取得するべきだ」と考える傾向がある**（サボタージュ：「十分な資格がないかも」と恐れて、採用されそうな仕事に応募しない）。一方、男性は資格がない職にも応募する可能性が高い。

・**男性は女性よりも、「セルフ・ハンディキャッピング」を行いがちだ。**

大事な面接の前夜に酔っ払ってしまう人の事例を覚えているだろうか？

これはサボタージュの一種で、三つの護り（不安の解消、失敗の言い訳、失敗しなかった場合に周りから「さすがだ」と言われる根拠）をくれる。人はジェンダーにかかわらずこれをやるものだが、どちらかと言えば男性に多く、そこにはつくり話も混じっている。積極的に酔っ払ったり努力をやめたりするのではなく、（たとえば、「眠れなくて参っている」「**体調が悪いから」などと）つじつまの合うウソをついて、何かが起こったことにするのだ。**

こうした違いが生じるのは、ジェンダーによって、子ども時代にどう社会に適応したかや、大人になってからどう扱われてきたかが違うからだ。

たとえば、**男性は通常、競争し、スキルを通して実力を示すよう教育される。**たいてい「**リーダーになるべきだ」と指導され、能力は**（努力して得るものではなく）**天賦のものだと教えら**

**れる。**こうした教えによって、男性として社会に適応した人たちは、1)自分はより高度な役割にふさわしい、と考えがちになる。2)失敗を恐れる傾向が強くなる。失敗は努力によって避けられる、と必ずしも信じていないからだ（人は才能があるかないかだ、と教わってきたため）。3)「セルフ・ハンディキャッピング」を行いがちだ。少年の頃に、人に恐れを打ち明けて建設的に対処するすべをほとんど学ばないからだ。[1]

一方、**女性として社会に適応した人たちは、男性と同じことをして同等の力があると認められるためには、2倍努力しなくてはならない、と考えるようになる。**

つまり、仕事を成し遂げるために2倍粘り強く熱心に取り組む上に、今持っているスキルを過小評価する傾向がある。興味深いことに、研究によると、職場で男性が失敗すると、「ツイてなかった」「努力が足りなかった」と説明されることが多いが、女性が同じ仕事でよく似た失敗をすると、結果はたいてい――「この仕事は彼女には難しすぎた」などと――能力のせいにされる。それが、この悪循環《サイクル》を持続させている。[2]

## 2.「固定観念が真実なのではないか」という恐れが、間違いを犯させる。

研究によると、集団が固定観念で決めつけられると（たとえば、「彼らには何かに対する生まれつきの能力が欠けている」などと思われてしまうと）、多くの人が繰り返し、それが真実だと証明してしまう――ただし、真実だから証明したわけではない。

仕事をなかなか辞められなかったジャマールを覚えているだろうか？　セラピーをしていくうちに、ジャマールが行き詰まっているもう一つの理由が見つかった。（一時的に離れていた）仕事に復帰したあと、ジャマールは、知能テストを含む研修プログラムに着手しだした。研修プログラムの仕事がキツくても問題はなかったし、締め切りや各プロジェクトによるプレッシャーも、物ともしていなかった。

ところが、知能テストの日が近づいてくると、彼は突然忙しくなって、テストの準備ができなくなった。私は最初、先ほどお話ししたジェンダーの社会化の問題が関係しているのでは？と考え、ジャマールに尋ねてみたけれど、本人は首を横に振った。どうやら別の固定観念が足を引っ張っているようだ。

**ジャマールは子どもの頃、人々が「黒人は生まれつき頭がよくない」と話すのを数えきれないくらい耳にしていた。**そして今、彼が受けようとしているのは、ほかでもない、知能を問うテストだ。心の奥で、小さな声がささやいている。「あの人たちの言う通りだったらどうする？」。そんな考えなど無視しようとしたけれど、テストの情報を集めてみると、さっと覚えられないような難しい問いが並んでいることがわかった。**ジャマールはそれを「心の声が正し**

**い証拠だ」と受け止めた。**

　このままではみんなが、固定観念が正しいことに気づいてしまう。自分の属する社会集団に対する固定観念が証明されてしまうかもしれない——その状況を経験することには、名前がついている。**「固定観念に対する恐怖《ステレオタイプ・スレット》」**だ。その恐怖が引き起こすのは、お察しの通り、セルフ・サボタージュだ。

「ステレオタイプ・スレット」は、その人のアイデンティティや自尊心を攻撃し、貴重な心の資源を使い果たし、目の前の仕事で成功する邪魔をする。

**人は自分が苦しんでいることに気づくと（私たちは恐れているものに注意を払うので）、「ステレオタイプ・スレット」はさらにふくらむ。**この不安が能力に影響を及ぼし、不快感に対処しようとサボタージュが忍び込む。

　これがまさに、ジャマールに起こったことだった。それを克服するために、私たちは彼の人生や歴史上で、知能にまつわる彼の恐れを裏づける事例がないか探した。その固定観念が真実である証拠と、偽りである証拠を探したのだ（この固定観念については、偽りだという事例のほうがずっと多かった。あなたが恐れていることや、これまでに学んだ固定観念を調べても、同じ結果が出るはずだ）。

　そして、**マインドフルネスに取り組んで、ネガティブな思考を認めて、（思考は真実ではない**

**と知って）手放した。**その後、心のお手本になってくれそうな、固定観念に立ち向かった人たちの事例を探した。不安は徐々におさまり、ジャマールはいつもの自分に戻って、知能テストを受けることができた。

## 3．固定観念が選択に影響を及ぼす。

知っておくべきなのは、「ステレオタイプ・スレット」だけではない。「**固定観念の内在化**《ステレオタイプ・エンボディメント》」についてもお話ししたい。これは、初めて耳にしたときには自分に関係のなかった固定観念が、のちに関係してきたときに起こる現象だ。加齢が、その最たる例だ。

あなたはご存じだろうか？　ごく最近の研究によると、**加齢にポジティブなイメージを持っていると、身体的に健康なまま長生きできる可能性が高まり、たとえ認知症にかかりやすい遺伝子を持っていても、発症率が低くなる。**[3]

子どもの頃に老いに関する固定観念を耳にしても、ほかの誰かについての発言だと考える。しかし、その発言に該当する年齢に達すると、まるで固定観念が稼働しだしたかのように、自分をどう扱うか、自分自身をどう考えるか、どんな決断を下すかに影響を及ぼし始める。**ネガティブな固定観念があると、正常な注意力の低下**（**鍵を置いた場所を忘れる、ストレスを感じた**

**ときに情報をなかなか思い出せない、といったこと）を物忘れの兆候だと誤解しやすくなる。**

また、身体がこわばると（そういうことは、運動しすぎたときや、座りっぱなしで運動不足のときにも起こるが）、運動機能喪失の兆しだと思い込んでしまう。そうなると、「もう年だから無理だ」と考えて、ますます動かなくなり、不健康になったり、冒険心を失ったりしやすい。

もちろん、突然の病など、予想外の出来事に見舞われて苦しむことも多々あるけれど、幸せになるチャンスを自らぶち壊している場合もある。自分が健康や幸せや成功に恵まれるなんて、信じていないせいだ。こうした現象は、固定観念につきものだ。

これらの結果を導いた先ほどの研究の素晴らしい点は、固定観念とセルフ・サボタージュのつながりを克服するのに使える、簡単で強力な解決策を提示してくれたことだ。この研究によると、固定観念に当てはまらない事例を探し、それを「人生で実現できること」としてイメージすれば、固定観念を覆せる可能性が高くなる。

## ▼▼脱出のヒント⑰

**・自分自身についての固定観念や恐れのせいで、チャンスをぶち壊してしまうことがある。固**

定観念や恐れが不安をもたらし、「できる」と思うことを制限するからだ。

## 恐れや固定観念の影響を受けたら、何をすればいいのか

1．あなたが重要だと考える、あなたのアイデンティティをすべて書き出そう

そして、これまでに耳にした固定観念のうち、あなたのアイデンティティと関係のあるものを挙げよう（たとえば、「女は男ほど有能ではない」「男は常に何をすべきか知っていなくてはならない」など）。どんな形にしろ、**こうした固定観念のせいでチャンスを避けたり、挑戦するのをやめたり、不安を感じたりしたことがあるかどうか、自分に尋ねよう。**このワークが抽象的すぎる気がして答えが浮かばない場合は、代わりに、次の24時間に、独り言の記録をつけてほしい。自分をほめたり、やり込めたりする瞬間に、とくに注意を払おう。**新しく何かに挑戦することに関して、「あなたは絶対に……」「あなたはいつだって……」のような自分に対するネガティブな言葉がけに気づいたら、必ず記録すること。**それは、独り言にどんなセルフ・サボタージュが潜んでいるかや、あなた

を引き戻すどんな思い込みがあるかを理解するのに役立つだろう。

2. 価値観のリストや目標のリストに戻ろう

目標に向かって努力しようと思ったときにわいてくる、自分のアイデンティティや能力にまつわるネガティブな思い込みや恐れはあるだろうか？

3. 思い込みや固定観念に立ち向かおう

思い込みや固定観念の証拠を（もしあるなら）検討し、それが単なる思考で、それ以上のものではないことを確認しよう。

4. 事例を探そう

自分がその思い込み／固定観念を覆したことがあるかや、それらを覆した世界中の人々の事例があるかを探そう。

5. 苦手なものがあるなら、それが今より得意になる方法を考えよう

たとえば、面接が苦手なら、面接のプロセスを研究し、質問の練習をし、がむしゃら

に取り組もう。**「能力は学んで得られるものではない」というリミッティング・ビリーフを受け入れてはいけない。**どんなことも筋肉と同じだ。ストレスがたまるとクッキーに手を伸ばしてしまうような長年の習慣を打ち破るにしろ、大きな決断をするときにヒューリスティックスの誘惑を乗り越えるにしろ、「絶対に成功できない」という批判的な声をはねのける力を身につけるにしろ、鍛えれば鍛えるほど状況は改善される。

6. 取り組みたい物事を習得することに集中しよう

練習、練習、練習あるのみだ。

7. あなたの人生で、固定観念に最も影響されている分野を探そう（たとえば、職場、人間関係など）

そして、同じ経験を分かち合える、支えになってくれるコミュニティを探そう。

8. ほんのつかの間でも、「もう一人の自分」のことを考えてみよう

これは、効果が証明されている面白いアドバイスだ。**スーパーヒーローのふりをする子どもは、スーパーヒーローの役を演じていないときよりも、自分が怖がっていること**

**に取り組んでうまくやれる可能性が高い。**女装パフォーマー《ドラァグ・クイーン》の中には、「ドラァグ・クイーンの人格が、自分のアイデンティティの一部を体験し、ごっこ遊びをするチャンスをくれる」と話す人もいる。おそらくそのアイデンティティは、日常生活では、他人からも自分自身からも許されていないものだろう（多くの人は、「男は絶対に女になってはいけないし、女っぽくふるまってもいけない」という思い込みを内在化しているからだ）。また、**その人格のどの部分なら日常生活に取り入れられるかを、時間をかけて選ぶこともできているそうだ。私は仕事で独立したとき、「ドクター・ソフ」と名乗った。**

彼女は私ではない。ドクター・ソフとは、毎日公共の場に（本当の私に言わせれば、かなり勇敢に）身を置いて、心理学や思い込みについて人々に伝えている女性の名前だ。ドクター・ソフは勇敢だ。自分の恐れに立ち向かい、雄弁に語る。ドクター・ソフは私に、目の前の仕事に取り組む力をくれる。**あなたの「もう一人の自分」はどんな人だろう？** その人は、何かに挑戦するのを妨げる固定観念を、どうやって覆している？ 時間と共に、あなたが恐れに立ち向かって成功できる証拠が見つかれば、「もう一人の自分」を手放すかどうかを決められる。

# 自分は変化に値する、と信じる
## ——自尊心の有無が人生を決める

あなたは今、自分が何を信じているか、何をほしがっているか、そして、それを手に入れるのを妨げる三つの事柄（悪い習慣、判断を誤らせるヒューリスティックス、サボタージュ）を明らかにする手段を手に入れた。また、そうした課題の一つ一つを克服するノウハウも習得した。だが、まだ学ぶべきことはある。

セルフ・サボタージュについて知ること——そして、サボタージュをその場で止める手段を持つこと——は、人生の行き詰まりから抜け出し、その状態を保つ鍵になるが、**「私には、もっと素晴らしい人生がふさわしい」と信じていなければ、成功をおさめることはできない。自尊心が高い人は自分の価値を信じているが、自尊心が低い人は「どうせ失敗する」と信じ続けるので、それが面白い形で行動に影響を及ぼすだろう。**

たとえば、うまくいかないことはすべて自分のせいだと考える（「みんなが私に腹を立てている。たぶん私がウザいから。いや、私の仕事ぶりがよくないからだ」と）。そして、物事がよい方向に進むと、相手や物事を盛んにおとしめ始める（「私をいい人間だと思っているなら、あの人たちはどうかしてる。そろそろ離れたほうがよさそうだ」などと）。

**人間には自虐的なところがあって、自分の恐れや思い込みが真実だとわかると、歪んだ満足感を覚える。**「ほら、やっぱり愛されてなかった」「わざわざ挑戦してどうなるんだ、って思ってたよ」「人生を変えるなんて無理だとわかってた」といったふうに。どういうわけか、自分にこれ以上ないほどつらい言葉をかけることで、「私はずっと正しかった」という安堵感を覚えるのだ。

ルネッサンス期の画家ミケランジェロは、その詩が証明しているように、明らかにこれを知っていた。詩はこんなふうに始まっている。

「私は、自分が落胆することに幸せを覚え、そんな苦しみから安らぎをもらう」[4]

しかし、一体なぜ苦しみが安らぎをくれるのだろう？　おそらく「安全地帯の外に出て、挑戦したらどうなるのだろう？」と心配すると、人はストレスを覚える。でも、**すべてが破綻すると、そのストレスから解放されてホッとするのだ。**

また、予想と現実が食い違ったときにも、同じことが起こる。**失敗すると思っていたのにうまくいき始めると、たとえポジティブな食い違いでも、不安はさらにふくらむ。**里親とうまくいきそうになるとサボタージュする、ベンがそうだった。私たちは人生において、ある役割や一面――たとえば、独り身の友人、常に職探しをしている人、「成功は身売りの一種だ」と信じている売れないアーティスト、といった顔――を自分自身だと思い込むきらいがあるので、うまくいくと自我が脅かされるのだ。そして、ここでもやはり、自分が正しかったとわかると、「私は自分をよく知っている」という安堵感が増すのだ。

それに、自分が正しいと証明されると、けんかやストレスに満ちた状況のあとでも、脳内のアドレナリンやドーパミンがどっと増えるので、気分がよくなり、やる気も高まって、支配的な気分になれる。「何も変わっていない」と改めて気づくまでの、ほんの短い間でも。

努力がどう報われるかが見えないのは不快なことだし、「現状維持バイアス」や「確証バイアス」によって、人は同じ状態でいることを望み、努力の結果も「やっぱり恐れた通りになった」と解釈しがちだ。さらには、多くの人が「不快になったり怖くなったりするような体験を避けよう」と決意していることを思えば、セルフ・サボタージュがはびこるのもうなずける。

## 自尊心と自信は違う――新しい服を買っても自尊心は高まらない

自尊心を高める方法を学ぶ前に、自尊心とは何かを正確に知る必要がある。私たちの多くは、それを自信と勘違いしているからだ。

あなたの周りにもいないだろうか？　最高の人生を送っている――仕事はデキるし、みんなに愛されているし、どんな状況に陥っても自分でかじ取りできている――ように見えたのに、自信たっぷりの見た目に反して、心に大きな不安を抱えていることが判明した人……。

実は、よくある話なのだ。自信とは自分の能力を信頼している、という意味にすぎず、必ずしも自尊心を指しているとは限らない。

**自尊心とは、自分の価値を信じていること。人生に何が起ころうと、自分が何者で、何が苦手で、どんな欠点があると自覚していようと、自分自身を評価していることを言う。**

自尊心が高ければ、自分は人から大切にされるべきだ、と考える傾向が強くなるし、ほしいものや必要なものを「ほしい」と言える。きちんと敬意を払ってくれない人から離れるなど、よい判断ができる自信も備わっている。自分を批判しすぎることなく、自分の能力や欠点を現実的にとらえられるので、たとえ困難な時期があっても、あっという間に立ち直れる。

これが自信とどう違うか、わかるだろうか？

たとえば、私が心理学者としての自分の能力に自信があったとしても、自分自身に常に自信があるわけではない。新しい友達や恋人に会ったり、鏡をのぞいて「欠点らしきもの」を発見したりすると、必ずしも自分に価値を感じられるわけではない。

**人は「私はいまいちなのでは？」と心配になったり、自分が何者かを受け入れられなかったりする（自尊心が低い）ときは、新しい服を買って他人の注意を引いたり、仕事をさらに頑張ったり、ダイエットしたり、ある分野の自信を高めてくれそうな活動に携わったりして、問題を解決しようとする。自信を高めることで、自尊心を高めようとするのだ。**

これはもっともな行動だし、短期的にはうまくいくことも多い。新しい服は最高の気分にしてくれるし、評価の高い仕事をやり遂げると、ちょっぴり有頂天になれる。とはいえ、そうした気分はつかの間のものだ。

ティーンエイジャーの頃は不思議だった。なぜこういう経験をしても自信は高まらないし、「愛される人間だ」と思えるようにもならないのだろう？　そして、幸福感が薄れた途端に、自信も薄れてしまうのはなぜなのだろう？　と。こんなふうに感じるのは私一人じゃないと承知している。クリニックで毎日、人生のある分野では自信満々の人たちと仕事をしているからだ。彼らは成功を重ねるたびにさらに能力に磨きをかけ、とてもいい気分になるけれど、自分を価値のある人間だとはなかなか思えない。とくに、成功後のほろ酔い気分から覚めたあとは。

さて、自信が自尊心を持続的に高めてくれるわけではないなら、一体どうすればいいのだろう？　セラピーでは、自尊心を構成している要素を重視している。

## 自尊心を高めるエクササイズ

自尊心を構成しているのは、自信、所属感、自分らしさ《アイデンティティ》の感覚、安心感、有能感といったものだ。**自尊心を高めたいなら、自分の好きな活動で力を伸ばすことをあきらめてはいけない。**自信を高めることからスタートするのは、悪いことではないからだ。ただし、ほかの構成要素にも忘れずに力を入れてほしい。

安心

**自分に尋ねてみよう。「私は今、仕事／人間関係／ライフスタイルに安心感を抱いているだろうか？」と。**答えが「いいえ」なら、何を変える必要があるのだろう？　自尊心とは、内面を磨けばいいという話ではない。継続的に心遣いを示してくれる、よい支援ネットワークを持っているかどうかにも左右される。だから、あなたの人生に関わる人たちのことを考えてみてほしい。彼らは、あなたをどんな気持ちにさせているだろう？

自分らしさ《アイデンティティ》

**自分に尋ねてみよう。「私は自分が何者か、はっきりわかっているだろうか？」と。**第

2章ですでに価値観（大切にしていること）を明らかにするエクササイズ（141〜146ページ）をしたなら、自分にとって大切な人生の本質はつかめているはずだ。自分が何者かよくわからないなら、まずはそこから始めよう。

### 所属

**あなたは（社会生活や職場で）「所属している」感覚があるだろうか？　周りの人たちに支えられ、認められている、と感じている？　「支えられ、大切にされている」と一番感じさせてくれるのは、誰だろうか？**　人は他人の目を通して自分自身を見ているので、仲間や支援ネットワークからの愛情を感じられると、自分は「よい」人間だと思う傾向が強くなる。あなたを攻撃する人たちを、そろそろ一掃《いっそう》しよう。「批判されるのはありがたくない」と伝え、必要な対応を求めるか、そばを離れよう。自分の欠点を恐れず、あなたの欠点らしきものも好きになってくれる人たちを探そう。

### 能力

あなたは自分に優しくしているだろうか？　トラブルが発生しても、落ち着いてしっかりと考えられるだろうか？　それとも、あなたの脳は、起こりそうもないことをあれこれ思い描いて、あなたを怖がらせている?

**あなたが自分にひどく批判的で、たくさんのネガティブな思考パターンにのみ込まれている自覚があるなら、「セルフ・コンパッション」を実践して、ネガティブな思考パターンや「どうせうまくいかない」と思い込む傾向に立ち向かう方法を学ぶとよいだろう。**この手法にはもう少し説明が必要かと思うので、まずはここで、簡単な「セルフ・コンパッション」の練習から始めてみよう。

自分に尋ねてほしい。**「友達が、今の私の立場だったら、どんなふうに接してあげる?」と。**内なる批評家が自分のためにせっせと用意している意地悪な言葉ではなく、友達にかけてあげる言葉や、してあげることを、自分自身にしてほしい。「セルフ・コンパッション」は、つらい感情を取り除いてくれるわけではないが、希望、絆、愛、ご褒美といったものとつながる脳の領域を強化してくれる。

この話をさらに詳しく知りたいなら、私の初めての著書『A Manual for Being Human』を参照してほしい。丸々1章を費やして「内なる批評家」について、別の1章を費やして「セルフ・コンパッション」について話しているから。

# ▼脱出のヒント⑱

・セルフ・サボタージュの主な原因は、完璧主義、自己批判、拒絶や失敗への恐れ、「私はいまいちだ」「私はよいものに値しない」という思い、自分が属する社会集団に対する固定観念を信じていること、自制心を失っていること、自分のアイデンティティがわからなくなっていること、などだ。

・そこから抜け出すためには、「私は変化に値する」と信じなくてはならない。自尊心を高めることで、そう信じられるようになる。

## 成功したくないからサボタージュする

――「アッパー・リミット問題」

この章を読んで、ちょっぴり気が滅入っているのではないだろうか？　ひたすら恐れ――失敗する恐れ、拒絶される恐れ、よりよい人生にふさわしくないという恐れ――に注目してきたから、あなたは、サボタージュは常に「自信のなさ」から生まれる、と考えているかもしれない。でも、そうではないのだ。**ここまで話してきたすべてに矛盾するような、セルフ・サボタージュの原因が一つある。それは、成功への恐れだ。**

**手に入れようと戦っているものが本当はほしくない、と心の奥底で知っているから、成功を恐れる――そんなケースもある**のだ。正直なところ、数えきれないほど見てきた。

やるべきことを何度も先送りし、夢だと言いながらその達成を妨げるような行動を取り、のちに「本当はやりたくない」と気づく人たちを。それは親が／仲間が／社会が夢見たことだったのだ。

また、ほしいものや必要としているものをめぐって相反する思いを抱えているせいで、サボタージュをする人たちも見てきた。たとえば、「新しい仕事に就いて、望んでいる以上の責任がのしかかってきたらどうしよう?」「絵の／洋裁の／車の整備の腕が上がって、みんなに『タダでやってくれ』と言われたらどうしよう?」といった思いだ。

あるいは、**「もう上限《アッパー・リミット》に達した」と感じて、サボタージュをしているケースもある。**「アッパー・リミット問題」という考えを最初に提唱した心理学者で作家のゲイ・ヘンドリックスは述べている。「まるで私たちの中にサーモスタットがついていて、自分に許される幸せや愛や成功の量をチェックしているかのようだ」と。

**「自分に許されている」と思い込んでいるレベルを超えると怖くなり、自分によく効く形でサボタージュを始め、安全地帯に戻ろうとする。**あなたは、自分がどこまで幸せになって／成功して／クリエイティブになって／愛されていいかには、上限があると信じている? その上限に近づいたことはある? あるなら、そのとき、どうしたのだろうか?

## よいことが続いたあとは、悪いことが起きるのか?

私の患者のアランは、人生でネガティブな出来事を経験してきたから、心から信じていた。

何かがうまくいくと、悪いことが起こるのは時間の問題だ、と。そこで、セラピーでいくつか新しい説を試してみた。たとえば、「よいことが悪いことにつながるとは限らない」「親切な人がそのうちあくどい素顔を見せ始めるとは限らない」など。

こうしてさまざまな思い込みを試していた頃、アランがセラピーに来て言った。「やっぱり、思った通りだった。うまくいきすぎてると思っていたら、案の定こう来たか！」。私は、さっと耳をそばだてた。一体何が起こったのだろう？

**「最近いろんなことがうまくいってたのに、喜びが一瞬で消えてしまった。パートナーと大げんかしたんだ」**。私は残念な気持ちになった。アランは見るからに落ち込んでいる。彼が少し落ち着いた頃に、けんかをめぐるさまざまな可能性について話し合った。

私が知りたかったのは、アランが本当に「よいことのあとには悪いことが起こる」証拠を見つけたのか？　それとも、「確証バイアス」のせいで世界観が歪んでいるだけなのか？

話しているうちに、アランは認めた。「たしかに、俺のほうからけんかをふっかけたかもしれない。ストレスがたまっていたからね」と。一体何にストレスをためていたのだろう？　なんと「そろそろ悪いことが起こる」というストレスだった。

人生は予測がつかない。順風満帆《じゅんぷうまんぱん》に見えたのに、いきなりネガティブな出来事に見舞われることもある。だが、今のところ、アランにそういうことは起こっていない。ただ、物事がうまくいきすぎている気がして、その瞬間を楽しむのではなく「悪いことが起こるに違いない」という考えに固執していた。固執しすぎて、本人がのちに認めたように、うまくいかなくなりそうなことをわざわざ探し始めた。次の曲がり角には恐ろしいことが待ち受けているに違いない、とすっかり疑心暗鬼になって、ストレスはたまる一方だった。

そしてある晩、家に戻ると、ささいなことでパートナーに噛みついてしまった。自分がけんかの原因だと気づかないまま、ひどい言葉の応酬やドアがバタンと閉まる音を、自説が正しい証拠だと受け止めた。あんなにうまくいくわけがなかったんだ、と。

アランには「セルフ・コンパッション」が必要だった。この出来事で生じた悩みに対処し、セラピーで気づいたことを見落としていた自分への怒りを静めるために。アランは日常的に自分の考えを裁判にかけ、自分が何を見落としがちなのかに目を向ける必要があった。

さらには、日常的に成功を祝う練習をすることで、「アッパー・リミット問題」にも取り組み始めた。**今ここを意識するマインドフルな時間を取ることで、成功が引き起こす感情的な反応にも対処できるようになり、「サーモスタットをリセットしたい」という衝動がわいたときも、一息つくことができるようになった。**

アランはまた、日々唱えるこんな言葉《マントラ》まで用意した。「**僕は、幸せな気分でいてもいいこと**

**を学んでいる。どれだけ長く幸せを感じても、成功を感じても構わないのだ。僕は、ポジティブなことを歓迎する**」。ゆっくりと着実に、アランはこのマントラが真実だという証拠を積み上げていった。

## 「成功は悪だ」と考える人たち

周りが自分を見る目が変わるから、という理由で成功を恐れるケースもある。

**「成功したら、みんなが私のうわさ話を始めるだろう／うまくいっているからって、悪口を言われたり恥をかかされたりするだろう」と考える**のだ。子ども時代に成功が許されなかったり、恥をかかされたり傷つけられたりした場合に、こういうことが起こる。私は、努力して成功した家族を笑いものにされた人や、クラスでトップの成績を取ったときに友達だと思っていた人たちから「ガリ勉」といじめられた多くの人たちと仕事をしている。

また、英国、オーストラリア、ニュージーランドといった国々で育ったために、成功に苦しむ多くの人たちを見てきた。これらの国には「**トール・ポピー症候群**」――ケシ《ポピー》の花は周りのケシより成長すべきではないから、1本だけが成長しようとしたら、切ってしまわなくてはならない、という考え――があるのだ。

北欧諸国においても、「ヤンテの掟《おきて》」――個人の利己的な成功をよしとしない傾向――が浸透している。**「成功は悪だ」と口にする人たちのそばで大人になると、当然ながら、成功という脅威から身を守ろうと、先延ばしをしたり、わざわざ失敗するような行動を取ったりするようになる。**

「トール・ポピー症候群」は、多くの人になじみのある考え方で、他人にそうした態度を取ったことがある人も多いのではないだろうか。突然成功した友人やセレブをあざ笑ったことはない？「わっ、彼女を見た？ビッグになったからって、自分はすごく［失礼な言葉を入れよう］」だと思ってるのよ」「自己愛強そうだよね」「あの子、すっごく不幸せだって聞いたよ」などなど。振り返ってみると、**悪口を言ったのは、相手の成功によって「私は活躍していないかも」という恐れ――ある種のねたみ――がわいたせいではないだろうか？** 自分にも力があると思いたくて、ついそんな反応をしてしまったのでは？

その自覚があるとしても、あなたは一人ではない。この経験はとても普遍的なものだから、英国のロックバンド「ザ・スミス」も「We Hate It When Our Friends Become Successful（仲間が成功するのはイヤだ）」という歌をつくったくらいだ。**他人が成功すると、「お前は？」と鏡を向けられたみたいに不安になって、出来損ないの気分に陥る。** そんなことをしてくる人なんて、まずいないというのに。

ねたみや「トール・ポピー症候群」がはびこる場所で大人になると、成功を恐れ、ねたみを内在化させてしまうこともある――これは心理学特有の言い回しだけれど、要するに、**何かに成功するたびに自分たたきを始めるのだ。** ほかの人たちがしたがりそうなことをしてしまった日には、他人がするように自分自身に罰を与える。つまり、成功に近づくと、サボタージュを始め、自分の才能を台無しにするのだ。あるいは、成功してしまったら他人からどう扱われるのかが恐ろしくて、成功を目指しさえしないかもしれない。

### ▼▼脱出のヒント⑲

・「セルフ・サボタージュ」よりふさわしい名称は、おそらく「安全確保行動」だ。ただし、安全確保という観点に立つなら、別のやり方をしたほうが自分を守れそうだ。

・恐れを克服する秘訣は二つある。一つは、その行動に走らせる思考、恐れ、思い込みを特定し、それに異を唱えること（たとえば、自分が本当に恐れの思考を信じているかどうかに疑問を持つ)。二つ目は、経験を通して自分の思考や恐れに異を唱えること(たとえば、何度も恐れに立ち向かって、「恐れは乗り越えられる」と学ぶ)、あるいは、少なくとも何が怖いのかを誰かと直接話し合うことだ。そうすれば、周りが恐れに立ち向かうあなたをサポートできるし、恐れがあなたの予想通りのものなのか、そうではないのかを示すこともできる。

## 成功への恐れを乗り越える

「私の目標は何か？　そして、それは誰の目標なのか？」と尋ねよう

**それがあなたの目標ではないなら、たぶん自分で自分の足を引っ張っているはずだ。実はそんなものをまったく望んでいない上に、心のどこかでそれを知っているからだ。**

たとえば、先延ばしを続けているのは、家族は望んでいるけれどあなた自身は望んでいない仕事を目指しているからかもしれない。また、デートに向かいながら、密かに「デートしたくない」と思っているのは、恋愛がけんかや涙に終わることもある、と学んだせいかもしれない。前の章で作成した「価値観のリスト」に戻って、次の行動はリストに合わ

せて決めることにしよう。

目標が本当にあなたの目指すものなら、尋ねよう。「この目標を達成したら、それは私の人生にどんな意味を持つのだろう？」と

この目標を達成することでもたらされる、最高のものとは何だろう？また、最悪のものとは何だろう？この目標を達成するために、取らなくてはならないリスクとは何だろう？（たとえば、自分の殻を破って、ほかの人たちに注目されることで、場合によっては拒絶されたり、成功後に捨てられたりするかもしれない）。

ある経験をしないよう自分を守っていることに気づいたら、尋ねよう。「恐れている経験をしている間、自分をどう支えればいいのだろう？」と

「拒絶される」と恐れている相手に話しかけてみる？　ほかの仲間に頼ってみる？　不安に対処するために、心を静める手法を使ってみる？「私は、幸せになっても成功してもいいと学んでいる」のようなマントラの実践を始めてみる？

# なぜ同じ失敗を繰り返してしまうのか

## ――「完璧な著作権エージェント」探しの顛末

### 助けて！　抜け出せない

「本当に、しっかり判断しなくちゃいけないときに、堂々めぐりに陥るんだ。いつも、冷淡で人を歯牙《しが》にもかけないような人たちに魅力を感じる。最近も三人の代理人《エージェント》候補に会ったんだけど、自分に言い聞かせたよ。今回は僕と少しは手をつないでくれる人を選ぼう、と。温かく支えてくれる人が必要だったからね。

三人と面接したら、『ゴルディロックスと3匹のくま』って童話で女の子が三つのお粥《かゆ》を味見したときみたいだった。一人目はあけすけに物を言いすぎるし冷淡。二人目は親切すぎて、正直なところ気詰まりだった。でも、三人目はちょうどいい感じだった。親切で、穏やかで、きちんと境界線を引いてくれる。三人目が求めていた相手だ、と確信して、その人を選んだ。ところが、どうやらまたいつものように、冷淡で人を歯牙にもかけない人物を選んでしまったようなんだ。契約を結ぶ最初の数週間こそしっかり対応してくれたけど、今はほとんど連絡がない。またやってしまったよ。さすがに自分にイライラしている」

——作家仲間のジョーダン（著作権エージェント——作品のスポークス・パーソンで、アイデアを磨く手伝いをし、執筆の報酬を出す出版社につないでくれる人物——を探していた）

ジョーダンは作家仲間であるだけでなく、同じ心理学者であり、私の元指導教官だ。私は研修医の頃、患者の記録と質問リストを抱えて、目をキラキラさせながら大急ぎで指導セッションに向かったものだ。期待のまなざしで彼を見つめ、知恵を授けてくれるのを今か今かと待っていた。

私から見れば、ジョーダンは何でも知っていたから、私は二つのことを望んでいた——一つは、いつか彼に負けないくらい優秀なセラピストになること、そしてもう一つは、私が心にどれだけ多くの欠点を抱えているか、彼に知られずにすむことだ。

当時はまだ信じていたのだ。セラピストのメンタルヘルスは完璧でなくてはいけないし、セラピストには「分別がある」から、私のように人生の選択で堂々めぐりに陥ることなんて絶対にないはずだ、と。だから、一緒に仕事を終えたある晩、ジョーダンから「完璧な著作権エージェント」探しの顚末を聞かされて、私はショックを受けた。**こんなに心理学を理解している人が、なぜ同じパターンを繰り返すのだろう?** と。ジョーダンはこの話を、私にわざと聞かせてくれた。彼は知っていたのだ。私が彼をあがめていることも、「人間が自分の行動の理由を理解し、別の選択をする方法を学べば、二度と同じことを繰り返さない」と信じていることも。実は……なかなかそうはいかないものなのだ。

## 人はつい「慣れ親しんだもの」を選んでしまう

ジョーダンの話が重要なのは、私もそうだったように、**多くの人が「人生のパターンをきちんと理解できたら、二度と同じパターンを繰り返さない」と信じているからだ。**「でも、そうじゃない」と説明するのが誰よりもうまいのは、人間心理学の博士号を持つ人間ではないだろうか?

ジョーダンは、自分の歴史を知っていた。自分が求め、必要としている温かさをくれる人たちを避ける傾向があることも。意図していつもと違う行動を取ろうとしても、おなじみのパターンに戻ってしまうのだ。それは、自分が「サポートされる価値のない人間だ」と思っているからではない。そう思っていたら、一人目の候補者を選んでいただろう。

また、（他人の行動を自分の世界観に合わせて解釈する）「確証バイアス」が原因でもなかった。「確証バイアス」にはすでに対処していたから。**問題の原因はおおむね、人間は慣れ親しんだものに引き寄せられる**から、だった。

温かく接してくれる二人目の候補者をはねのけたのは、そこまでの優しさにはなじみがなくて、少々不安を感じたからだ。三人目の候補者は、書面上はほしいものをくれたし、ジョーダンの直感も「この人がいい」と告げていた。申し分のない相手に見えたのだ。

あなたにも、こんな経験はないだろうか？　たとえば、面接の部屋に足を踏み入れると、面接官がどこか姉に似た人物で、突然すべてがラクに感じられた。

あるいは、「いつもとまったく違う仕事／パートナー／コミュニティを見つける」と決めたのに、半年ほど経つと、どういうわけか新しい状況が前回とほぼ同じだと気がついた、などなど。**サボタージュを克服する専門知識を身につけても、やはり同じ状況に陥ってしまったりする。**慣れ親しんだ状況に身を置くと、人はたいていくつろげるのだ。すでに選ぶ道は決まっていて、その中で人や場所や物事を知っていく感じ。肩の力が抜けてホッとする。

## 新しいパターンを試してみる

ジョーダンは「慣れ親しんだもの」にまたしてもつかまったことに気がついた。そして、私と雑談したあと、自分を責める気持ちをさっと抑えた。彼には二つの選択肢があった。

一つ目は、今のエージェントと離れて、二人目の候補者に電話して、相手の優しさに対する不安に対処すること。もう一つは、今のエージェントとの契約を続け、相手との関係を改善する努力をし、何も変わらなければ離れる、というものだ。

ジョーダンは、二つ目の選択肢を選んだ。そして、**エージェントとの関係に望むことをリストにした**——毎週電話かメールを交わす、原稿にフィードバックをもらう（その際、修正が必要な点だけでなく、よく書けている箇所にも目を向けてもらう）、お互いの人柄をよく知るために、時々コーヒーミーティングをする。その後、リストをエージェントに渡すと、「お望みのサポートをわかりやすく教えてもらえてありがたい」と感謝された。

多くの人は信じている。「パターンを理解したら、二度と繰り返してはいけない。繰り返すとしたら、自分はしくじっている」と。そしてそれを、セルフ・サボタージュをやめられない証拠だと考える。でも、それは違う。第1章の最後に学んだことを覚えているだろうか？

**パターンを手放すのは難しく、おなじみのやり方に戻ってしまうのはごく当たり前のことな**

**のだ。**だから、慣れ親しんだ行動に逆戻りした自分に気づいたら、ジョーダンのように、いつもと違うやり方を選べばいい。それはサボタージュとは正反対の行動なので、より健全な新しいパターンが生まれるはずだ。

## ▼脱出のヒント⑳

**・パターンを完全に捨てられなくても、あなたがしくじっているからではない。あなたが人間だからだ。**

**・いつものパターンに逆戻りしたことに気づいても、「また抜け出せなくなった」と即座に思い込んではいけない。それに対処する、いくつもの選択肢があることを思い出そう。そこから離れるのか、状況を改善するためにできることがあるのかを判断すればいいのだ。たとえば、慣れ親しんだ状況の中でも、自分に必要なものやほしいものを相手に伝えることはできる。**

Chapter4

# Drama

# ドラマ

第4章

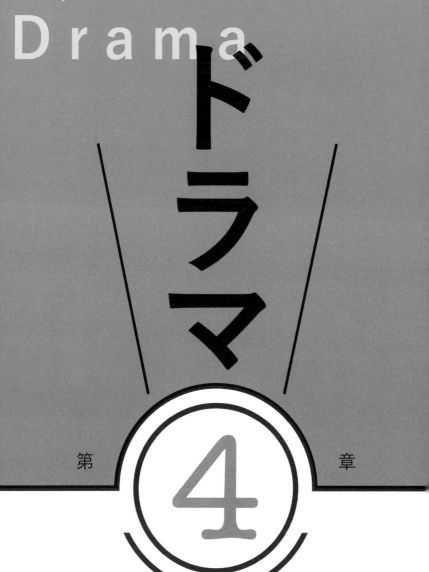

# ソクラテスによる「三つのフィルター試験」

## ――社会的ゴシップに翻弄されない方法

昔々、ずーっと昔（紀元前469~399年の間のいつか）に、哲学者のソクラテスが古代ギリシャの通りを歩いていると、知り合いが駆け寄ってきて言った。

**「あなたのお弟子さんについて、今私が耳にした話をご存じでしょうか？」**

明らかに会話へといざなう一言だが、肥えた耳目《じもく》には、ちょっとしたゴシップのたぐいだとわかる。ソクラテスは餌《えさ》にぱくりと食いつく代わりに、こう返事した。

**「それ以上お話しされたいのなら、『三つのフィルター試験』に合格してからにしてください」**。知り合いは、渋々従った。

1枚目のフィルターは、ソクラテスによると、**「真実のフィルター」**だった。ソクラテスは男に尋ねた。「今からなさるお話が真実だと、しっかり確認されましたか？」。「していません」と男は答えた。つい先ほど耳にしたばかりの情報で、しゃべりたくて仕方がないだけだ。

2枚目のフィルターは、ソクラテスによると、**「善のフィルター」**だった。「私の弟子についいて今からなさるお話は、よい話ですか?」と、ソクラテスは聞いた。この時点で動揺し始めた(と私は思いたい)男は、こう言った。「いいえ」。どうやら、そして、ゴシップの仕組みを知る者にとっては意外でも何でもないが、「その反対です」と男は答えたようだ。

3枚目の最後のフィルターは、ソクラテスによると、「**実用性のフィルター**」だった。男の情報は最初の2枚のフィルターを通過できなかったが、「まだチャンスはありますよ」とソクラテスは言った。そして、こう尋ねた。「私の弟子についてなさりたいお話は、私の役に立ちますか?」。知り合いの答えは……「いいえ」だった。

ここまでを振り返って、ソクラテスは聞いた。「**なぜ——真実でも、よい話でも、役に立つ話でもない情報を——そもそも私に伝えたかったのですか?**」と。ここで会話は終わり、男は恥ずかしそうな顔をした、とされる。

この話の始まりには、ほとんどの人が既視感を覚えるだろう。身近な誰かに関する思わせぶりな情報が、鼻先にぶら下がっている。それに、ゴシップの影響力なら誰だって知っている。過去に自分についてのデマやウソまみれの情報を広められて、つらい思いをしたからかもしれない。あるいは、自分が事実確認もせずにスキャンダルを広めたせいで、うわさされた当人が傷ついた表情を浮かべるのを見たことがあるからかもしれない。でも、この話の最後に、ソクラテスが、伝えるべき話かどうかを判断するシステムを使って、男の誘いをさっとはねのけたところは、おそらくあまりなじみのない光景だっただろう。

ここまでのところ、人々が習慣やヒューリスティックスや身の安全を守る行動のせいで、どのように行き詰まるのかをお話ししてきた。ではここで、人々が行き詰まる四つ目の理由をお伝えしたいと思う……**私たちは、人間関係のドラマに引きずり込まれて、人生で身動きが取れなくなることがある**のだ。

時にはソクラテスのように、知人や愛する人や見知らぬ人たちによって、自分や他人を傷つけかねない社会的なゲームにいざなわれることがある。あるいは、ソクラテスの知り合いのように、自分が他人をいざなうこともあるだろう。

しかし、どちらの役を演じるにしろ、どれほどドラマがまん延しているか、なぜドラマが生まれるのかに気づいている人はほとんどいない。だから、**多くの人は気づかないまま、人間関係や目標を台無しにするようなやりとりを繰り返している。**

そういうわけで、この章では、あなたがいつ、どこでドラマに巻き込まれる可能性があるのか、そうした問題から抜け出すために、あなた独自の「三つのフィルター・テスト」をどのように作成できるのかを明らかにしたいと思う。

## ドラマの三角形──被害者、加害者、救済者

あなたは、「赤ずきん」の話を覚えているだろうか？　忘れている人のために、簡単に説明しよう。

赤ずきんは森を通っておばあちゃんの家に向かう途中で、オオカミに出会う。オオカミは「どこへ行くの？」と聞く。オオカミが「おばあちゃんのために、お花を摘んでいくといいよ」と勧めるのは、赤ずきんよりも先におばあちゃんの家に着くためだ。赤ずきんが到着すると、オオカミはすでにおばあちゃんを飲み込んで、おばあちゃんの服を着て、ベッドに横たわっている。そして、あっという間に赤ずきんも飲み込んでしまう。やがて狩人が家に入ってくる。狩人は眠っているオオカミのお腹を切り裂いて、奇跡的におばあちゃんと赤ずきんを無傷で助け出すと、どういうわけかまだ眠っているオオカミのお腹に石を詰め込む。オオカミは目を覚まして逃げだそうとするが、石の重みで倒れて死んでしまう。

この物語は、ほとんどの漫画やおとぎ話に共通する、あるパターンに従っている。**物語に、三つの役が登場するのだ：被害者（この場合は、赤ずきんとおばあちゃん）、加害者（オオカミ）、**

**そして救済者**（**狩人**）**だ。**

このパターンは、ほとんどのアクション映画にも見られる。『ダイ・ハード』を思い出してほしい。主人公のジョン・マクレーン（ブルース・ウィリス）がクリスマスに別居中の妻と娘に会うために帰宅する。ジョンが妻の勤める会社のオフィスのパーティに参加していると、テロリスト（加害者）が入り込んで、ビルの中にいる全員（被害者）の命を脅かす。ジョンは、みんなを救えるのは自分だけだと気づく（救済者）。

このシナリオ――1960年代にアメリカの精神科医、スティーヴン・カープマンが提唱した「ドラマの三角形」として知られる行動モデル――は、現実であれ架空の世界であれ、ほぼすべての不和や対立において働いている。現実の世界はたいてい「善玉vs.悪玉」よりもう少し複雑だが、要するに、このシナリオはあらゆる場所で見られる。

カープマンは、**ほとんどの人間関係の対立は「救済者」と「加害者」と「被害者」で構成されている**、と考えている。さっと頭に浮かぶわかりやすい例を挙げよう。

・いじめる人（**加害者**）、いじめられる人（**被害者**）、頼りになる友人・先生・上司・検察官（**救済者**）。

・きょうだいの真ん中の子（**救済者**）が、結局、上の子と下の子（いずれも「**被害者**」、「**加害**

**者**」になり得る）の仲裁をすることになる。

・ディナーテーブルでけんかをするカップル（「**被害者**」と「**加害者**」）と、（「けんかしないでワインでも飲まない？」と）介入を試みる優しい友達（**救済者**）。

基本的に「赤ずきん」と同じ形だけれど、たいていの場合、誰かを殺すような流血の惨事は起こらない。

カープマンは、ほとんどの対立はこうした行動パターンを軸に展開している、と考えている。そして、**人はどんなときも、対立の展開次第でどの役を演じることもできるが、無意識にある役に引き寄せられる傾向がある**という。それは幼い頃にほかの人が演じているのを見たからかもしれないし、子ども時代の体験への反応として、その役に親近感を覚えるせいかもしれない。

たとえば、「救済者」の役に引き寄せられるのは、子ども時代に、必要な愛情や関心をもらえるのは、誰かの力になったときだけだ、と学んだからかもしれない。私のようなセラピストは、たいてい「救済者」だ。

これ自体は何の問題もないのだが、そうした役のせいで自分や他人が惨めな思いをし始めると、人は人生や人間関係に行き詰まりを感じるようになる。

たとえば、真ん中の子どもは、注目をわがものにしているほかの家族に、常に無視されているように感じるかもしれない。カップルは自分たちをなだめてくれる仲間を当てにし始め、毎回けんかに他人を引きずり込むようになる。

一つ一つの役をさらに深く掘り下げ、あなたがおそらく抱いているであろう疑問――「救済と援助はどう違うの？」「なぜ『加害者役を演じてきたのでは？』とにおわせられる不快感に耐えながら、最後まで聞いてなくちゃいけないの？」など――に答える前に、一つ補足説明をさせてほしい。

この章では、**自分で「被害者」役を引き受ける瞬間があることを学んでもらう。人は、自分のスキルや能力や選択肢をみくびっているせいで、被害者になる瞬間があるのだ。**

そういうときは、他人があなたを傷つけたり虐《しいた》げたりして被害者にしたわけではない。それとはまったく違う状況だ。それから、この章は「被害者たたき」のエクササイズではない。

どんな形にしろ、あなたが虐待を経験したなら、それに対処するために思いやりやサポートを受けるのは当然のことだ。悪いのはあなたではない。

## 人間関係を理解するのに役立つモデル

私は長い間、「ドラマの三角形」の行動モデルを避けていた。これを初めて学んだときは憤慨した。

私の仕事は、身体的・性的虐待など恐ろしい目に遭った人や、ずっと耳を傾けてもらえなかった人、信じてもらえなかった人、他人から「え、そんなことが起こるなんて、一体何をしたの？」などと言われてきた人たちをサポートすることだ。被害者たたきなんて許しがたいのに、このモデルはそのためだけにつくられたように感じて、長い間受けつけなかった。

その上、「あなたは被害者を演じてますよ」「被害者意識を持っていますね」などと言われて、変化のパワーを身につけた人を一度も見たことがないのだ。要するに、このモデルがどう役立つのかわからなかった。

私が「ドラマの三角形」に戻ってきたのは、このモデルを考え直し、二つのことに気づいたからだ。**1）虐待に関して言えば、このモデルは、虐待する人間がどのように相手に被害者の役を課し、そこに押し込め続けるのかを理解する助けになる。**これは、自ら被害者役を選ぶ場合とは違う。**2）人生全般に関して言えば、このモデルは人生で繰り返される対立の中で——**たとえば、皿洗いをめぐるけんかや、みんなが耳を傾けてくれないと感じるとき、時間と労力を差し出しすぎて燃え尽きてしまったとき、どんなに努力しても延々と同じドラマを追体験しているような気がするときに——**自分が演じている役を理解する助けになる。**

**人々が行き詰まりを感じる本質的な理由は、人間関係のやりとりにあるのだ。**そういうわけで、このモデルには使い道がある、と認めざるを得なくなり、こうしてみなさんにご紹介することになった。

心に留めておいてほしい。

今後この章で「被害者」という言葉を使うときは、とくに明記しない限り、どんな形にせよ攻撃や迫害を受けた人の話をしているのではない。**「ドラマの三角形」は、行動や対立のパターンに関して、気づきを得るのに役立つモデルだ。**だから、さらにサポートが必要な場合は、ためらわずに求めてほしい。この本の巻末でも、あなたを正しい方向へ導いてくれる有益なエクササイズや文献をご紹介している。

## ▼脱出のヒント㉑

**・人生に行き詰まるのは、対立したときに、目の前の状況にうまく対処せず、何らかの役を演じてドラマをつくり出してしまった場合だ。**

・「ドラマの三角形」は、個人の間だけで展開するわけではない。歴史を通して、コミュニティ間や国家間、見知らぬ者同士の間でも、繰り返し発生している。

・人は人生で、ある役に引き寄せられがちだ。ある役を重要だ、しっくりくる、と感じる場合は、いつでもその役を担える状況を見つけ出すかもしれない（たとえば、「救済者」はセラピストになったり、「多くのサポートが必要だ」と考えている人のパートナーになったりする）。

# 人はたいてい、自覚なしにその役を担っている

## ――差し出された役を拒めるか

### 私たちが演じている役

**キャスト1　加害者**

自分を「加害者」として思い描きたい人間はいないけれど、どんな人でも「加害者」になった経験はある。だから、逃げずに心を開こう。

**あら探しをするような態度を取ったり、人をそれとなく攻撃したり、徹底的にたたいたりしたことを思い出**

**「ドラマの三角形」を、わかりやすくまとめてみた。**

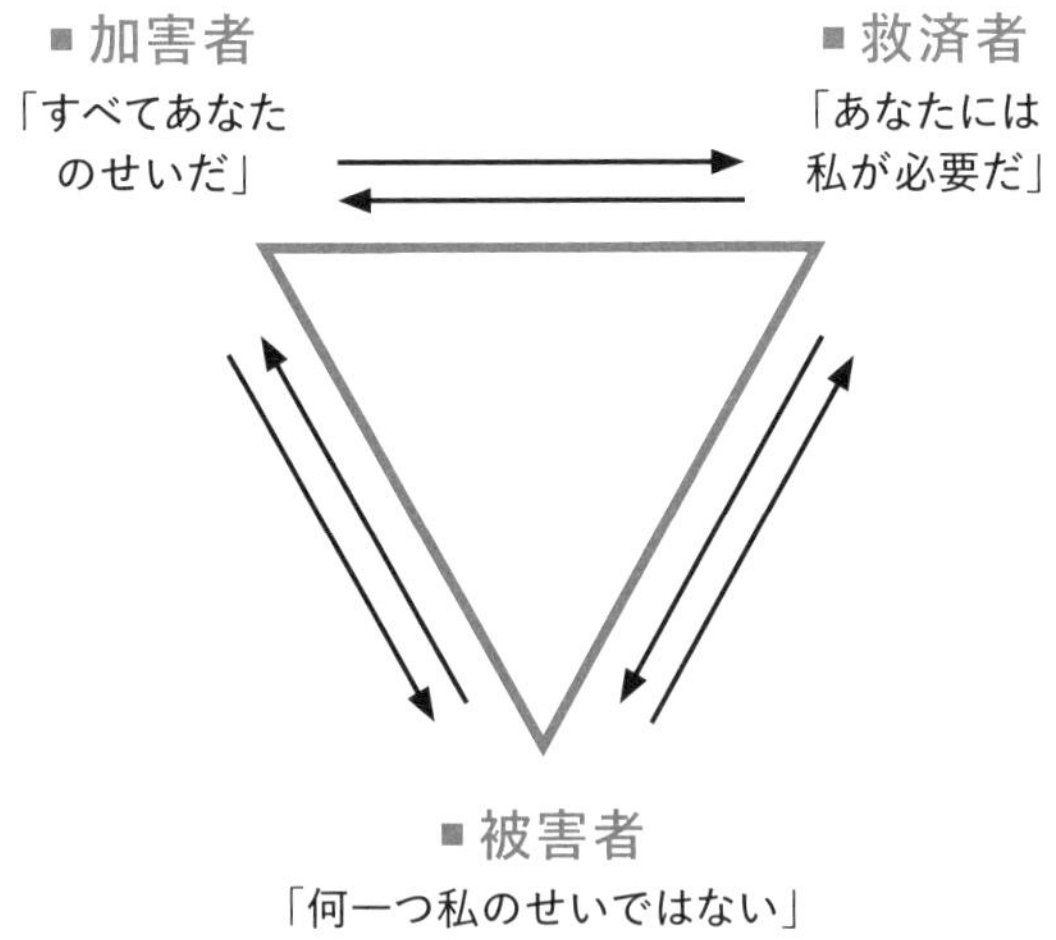
■加害者
「すべてあなたのせいだ」
■救済者
「あなたには私が必要だ」
■被害者
「何一つ私のせいではない」

**そう。**

「加害者」の役を演じているとき、人は、厳格でケチばかりつける親のようにふるまう。周りの人を責めたり、批判したり、あら探しをしたり。どんな犠牲を払っても「勝つ」必要があるから、相手が間違っている理由を漏れなく指摘し、口論でも議論でも絶対に引き下がらない。周りの人たちを支配しようと、相手を責める言い方をする。

「イヤなら出ていけばいいんだ」「あなたを信じちゃいけないとわかってた」「私の言う通りにしていたら、こんなことにはならなかったのに」……。周りの人をやんわりと支配するような行動を取ったり、あからさまにいじめたりする。

「加害者」の役を演じているときは、アドレナリンが血管を駆けめぐっているし、自分が正しいと信じているから、正しさが証明された気分でいる。

**誰かに「それは意地悪だよ」「あなたは間違ってる」などと指摘されると大ショックを受けたり、身構えたりして、批判に満ちた支配的な態度を取り、自分が正しい理由を大急ぎでこしらえる。**

いつも「加害者」役に引き寄せられる人は、支配的で強く見えるかもしれないが、そうふるまうのにはさまざまな理由がある。幼い頃にそういう人を見ていたから、無意識に真似をしているのかもしれないし、傷つきやすさを隠そうとしているのかもしれない。もしかしたら長年

「被害者」の気分で生きてきたから、「加害者」になることで挫折感や混乱した気分、人から認めてもらえないこと、「被害者」だと思われる恐れを回避できるのかもしれない。「加害者」になる傾向が極端に強い人は、虐待経験やトラウマを抱えている場合がある。

**この役を演じるのは、優越感を覚えているときや、他人の価値や能力をみくびっているときに。あるいは、他人の行動を責め立てているときや、支配したいと思っているときだ。**

## キャスト2　救済者

「救済者」の役を演じているとき、私たちは他人を助けようと努力している。でも、そういうときは、相手に力を与える形で助けたり、長期的な解決策を生み出す支えになったりはしていない。**「救済者」の役を担う人は、相手の問題にその場しのぎの解決策を提示し、「心配しないで。私が何とかしてあげる」「大丈夫。何もかもうまくいくから」などと言う。**

ほとんどの人は、「救済者」が「ドラマの三角形」で一番いい役だと思っているが、どの役にもそれぞれに落とし穴がある。

**「救済者」がくれる一時的な救いは、長い目で見ると役に立たない。**介入して代わりに何もかもしてあげることで、「救済者」は依存のサイクルをつくる。相手を、適切なサポートがあれば自分で対処できる大人ではなく、救済が必要な「被害者」にしてしまうのだ。

あなたも、こんな言葉を聞いたことがあるだろう。「魚を与えれば、相手は1日生き延びられる。釣りを教えれば、一生暮らしていける」。本当に必要としているものを考えずに救ったところで、1日分の魚を与えるだけでは、相手は自分の足で立つ力を身につけられない。

**「救済者」はたいてい「加害者」を、すべての状況を支配したがる人たち、と見なしているが、自分も同じことをしているのに気づいていない。**「救済者」が介入して、他人の心の苦痛に対処したがるのは、自分はすべての答えを持っている、と信じているからだ。

たとえ善意の行動でも、自分が「救済者」になることで、うかつにも相手を「被害者」にしている。また、「救済者」が周りの人たちと仲たがいをするのは、常に介入して状況を打開しようとするからだ。相手は解決してほしいのではなく、話を聞いてほしいだけなのに。


人は自分自身に対しても、長期的な解決策ではなくその場しのぎの解決策を提示して「救済」することがある。キツい1日の終わりに、ワインに手を伸ばしたり、ネットフリックスに溺れたり、延々とInstagramをスクロールしたり。すると、目の前のストレスはさっと消えるが、今抱えている問題の本質にたどり着くことはできない。

第1章でお話ししたことを覚えているだろうか？ **自分を救済する、そうした瞬間が、いず**

**れ悪い習慣に変わってしまうことが多いのだ。**

「救済者」役に引き寄せられる人は、子どもの頃に周りの人からその役を学んだのかもしれないし、他人を助けることで必要な関心やサポートが得られる様子を目にしたのかもしれない。もしかしたら、親が亡くなったかご病気だったかで、幼い頃からお世話役を担い、発達上適切とは言えない早い時期から、責任ある立場に置かれていたのかもしれない。

人が「救済者」になるのは、単純にほかの人が苦しんでいるのを見て不安を感じ、その状況を打開するためにできることをすべてやるからかもしれない。相手の心の状態を正すのは、自分自身の不快感と向き合って対処するよりラクだから。

「救済者」は、介入して助けない場合は、後ろめたさを感じることが多い。でも、あなたがそうなら、忘れないでほしい。他人を助けたいと思うことはよいことなのだ！

でも、この役に引き寄せられる人は、気づいているのではないだろうか。**自分の幸福感が他人を助けることに左右されている**、と。あるいは、他人のニーズに目を向けることで、幸い自分自身の問題からは目をそらせるから、自分をほったらかしにしている、と。

## キャスト3　被害者

「被害者」の役を演じているときは、世の中全体が敵になった気がするものだ。覚えておいてほしい。今話しているのは、いじめやハラスメントやそれ以上のこと、つまり明らかな虐待や迫害を受けた人のことではない。また、いわゆる「トラウマ反応」の話でもない（他人は信用ならないというトラウマ体験があると、「世の中は危険な場所だ」と心から信じるようになる）。

**今ここで話しているのは、日々の経験についてだ。**

たとえば、グループチャットで誰も自分のメッセージに反応しないからといって、「みんなが私に苛立っている」と思い込む。あるいは、不運に見舞われたからといって、人生に対する自分の影響力には目もくれず、すべてを他人のせいにする。実は無力ではないのに、人生のかじ取りをする手腕や能力があることを忘れ、自分で自分の力を奪ってしまう――そんな瞬間の話をしているのだ。

**「被害者」役を演じている人は、自分で自分をダメにし、自分の能力をみくびる。**「問題解決なんて無理だし、ほかに選択肢もない」と勝手に無力感を覚える。「被害者」は自分の責任には目を向けず、何もかも「加害者」のせいにして、「救済者」が助けにくるのを待っている。

「被害者」役を演じていると、非現実的な期待をしがちになる。

たとえば、他人が気にかけてくれているなら助けにくるはずだ、と考えたり、必要なものをいちいち伝えなくても相手はわかってくれる、と思い込んだりする。「被害者」の役を演じていると、抱えている問題に対処したり、乗り越えたりするために自分にできることがあるのを忘れてしまう。そして「救済者」が現れないと、状況が絶望的な、さらなる証拠だと考える。

こうした役が、私たちをどのように行き詰まらせるか、わかるだろうか？ **何かが起こってイヤな気分になると、さっと役に入り込む。**不安を乗り越えてみんなのためになるような結論を導くことも、自ら責任を負うこともなく。そうして堂々めぐりに陥ると、他人を引きずり込んでほかの役を演じてもらい、延々とドラマを続ける。

## 「ドラマの三角形」にハマる前にやること

演じる役を自分が選んでいるとは限らない、と知っておくことは重要だ。**あなたは「誰かの助けがなければ何もできない」と感じさせられた経験はないだろうか？**

たとえば、上司があまりに細かく指示するから、「僕に能力がないってこと？」と疑問に思い始めた、とか、友達がやたらと批判してくるから、その人に会った途端に思わずそわそわしてしまった、など。こういう状況がおなじみなら、その役をあなたが選んだわけではない。重要なのは、そんな立場に置かれたあと、どうするかだ。

**「選択肢がない」と思い始め、行き詰まった気分になるのは、「ドラマの三角形」のわなにはまり込んでいるからだ。**

でも、自分にできることがある——たとえば、同僚に助けを求め、細かい上司による心の負担を分かち合ってもらう、自分の実力を改めて思い出す、批判的な友達との間に境界線を引く、といったことができる——と気づくと、「被害者」役に陥ることはなくなる。

今、この章の冒頭の事例に戻ると、何が起こっていたかわかるだろうか？

ソクラテスの知り合いは、偉大な哲学者に重要な情報を与えることで、役に立つ「救済者」だと思われたがっていた。

でも本当は、「加害者」役を演じている。今から批判や恥辱を浴びせることに喜びを感じている。彼はソクラテスをドラマに引き込んで、一緒に「加害者」役を演じさせたいのだが、ソクラテスは断わった。「ドラマの三角形」に足を踏み入れる代わりに、差し出された役を拒んだのだ。あなたにもきっとできる！

## 脱出のヒント㉒

・自分がある役を演じる傾向があると知っても、恥ずかしく思う必要はない。その役が人生のある時期には、あなたを守ってくれたのだ。でも、今はもうそれほど助けにならないだろう。自分に優しくしよう。

・自分が選んでもいない役を与えられたときのことを、理解することが重要だ。そうすれば、その役を降りるために何をするべきかわかるだろう。選択肢を検討し、身の危険がない状況なら、目の前の問題に取り組むと決めることができる

## 「ドラマの三角形」での自分の役を自覚する

さあ、あとについて言おう：「私は、自分が時々こうした役を選んでいるかもしれない、と進んで考えます。そうした役が私の人間関係や健康にどんな影響を及ぼしているかも、

進んで考えます。私は、周りの人たちや自分自身のためにも、全力で変化を起こします」

これが重要なのは、「ドラマの三角形」を克服する第一歩は、自分がそのパターンに陥る可能性があることや、自分の行動に責任を取れることを、進んで認めることだからだ。

## 人生を振り返って、突出した役があるかどうか、自分に尋ねよう

あなたは、どの役を担う傾向が一番強いだろう？　この答えを知ることがなぜ役に立つのか、考えてみてほしい。人間関係の役に立つのだろうか？　それとも仕事？　あるいは、知ることが、あなたに力を与えてくれるのだろうか？

# 被害者意識の三つの顔

## ——どの役を演じても「被害者」になる

この章を書こうと机に向かった最初の日、わずか1時間のうちに、パートナーとの口げんかでは「加害者」を、取り乱している友人とのチャットでは「救済者」を、かつての口うるさい上司との電話では「被害者」を、流れるように演じている自分自身に気がついた。**私たちは本当に、いつだってどんな役でも担える。**しかも、何の前触れもなく。だが、こんなのはまだ序の口だ。次に知るべきことは、同じ争いの間にも、いつでも役を交代できることだ……。

### 助けて！　抜け出せない

「これまでの人生、ほかの人たちのためにたくさんのことをしてきた。でも、私の調子を尋ねてくれる人はいない。みんなたいていサポートしてもらうばかりで、決して何かを学んだり、行動を変えたりはしないの。本当に一休みしたい。でも、私が何もかもするのをやめてしまったら、何一つ事は終わらない。イライラしてるし、すっごく孤独」

――チャーリー（56歳）

チャーリーは、疲れを感じてセラピーにやってきた。彼女はいつだってみんなに頼りにされる「悩みを聞いてくれる人」。職場では全員の誕生日を知っていて、みんなが今年のプレゼントに何をほしがっているかも正確に把握している。

Instagramの投稿も自己啓発本もいろいろ読んできたから、自分がお人好しだということは百も承知だけれど、どうして今、周りの人たちにこんなに腹が立つのかがわからない。この状況からは抜け出しようがない、そんな気がする。

自分がこんなぴりぴりした役を演じているなんて、自覚していなかった。チャーリーは、普段は太陽のように明るい人で、人づき合いから大きな喜びをもらっている。ところが、1週間前に誕生日を迎えたとき、二人の友達から「おめでとう」のメールが来なかった。彼女はそれを「みんなが私を避け始めたサイン」だと受け止めた。そして、「もしかしたら、私の行動が常軌を逸しているから？」と心配している。

## 「救済者」のママが息子にブチ切れる

チャーリーとの初めての会話で、彼女がなぜ行き詰まりを感じているのか、そのパターンがたちどころに見えてきた。最近体調が思わしくない息子のマックスとけんかした話を始めたときだ。最初の説明はこうだった。

**「『かわいそうなあの子』（本人の言葉だ）が私を必要としてくれるのだけど、あれこれ要求ばかりしてくるから、とうとう私がキレちゃったの」**。だから私は最初、10歳未満の息子に対して、ママがぎりぎりまで頑張ったけれど、とうとうブチ切れたのだ、と考えた。ところがその後、「息子の家を飛び出してきちゃった」と言うものだから、すっかり混乱してしまった。

チャーリーがぎりぎりまで頑張った、というところまでは合っていた。けれど、息子は25歳で、4年前に実家を出て隣町に住んでいる。子どもどころか、物理学の修士号を取るために勉強中の大人の男性で、独り暮らしで、地元のロッククライミング・センターの会員でもある。

ここまで整理してから、会話を再開した。

この会話の6週間前、マックスはひどい風邪を引いて体調を崩していたので、「いつものように」チャーリーがお世話をした。本人によると、マックスの代わりに医者に電話をし、スーパーに買い物に行って、戸棚をいっぱいにした。これはどのみち毎週してやっていることだけど、今回もしておこうと考えたのだ。それから洗濯をして、息子が寝ている間に家を片づけた。マックスは目を覚ますと、「ありがとう」も言わずに、また出かけて別の物を買ってきてくれと頼んだ。ここで、チャーリーがブチ切れた。

「もちろん、ママがクタクタだろうが、ほかに用事があろうが、誰一人気にかけてなんかいないわよね……」。マックスはショックを受けていたが、チャーリーの口撃は止まらず、「もっとしっかりして、自分のことは自分でしなさいよ」と叱った。マックスは言い訳し始めたが、すっかり腹を立てたチャーリーは叫んだ。

「今度具合が悪くなって、電話してきても無駄だから。大人になりなさいよ。いまだに何もかも私にやってもらわなくちゃいけないなんて、情けない！」

これが家を飛び出したときの顚末だ。

数日後、埋め合わせをしようと、息子に電話をかけた。息子はうろたえた様子だった。「家に食べ物がほとんどないんだ。ママが出ていってから、ずっと腹が減ってる」と言われて、チャーリーはとても後悔した。なぜあんなに怒ってしまったんだろう？　何で家を飛び出してしまったんだろう？　この子がお腹を空かせているのは私のせいだ……。そうして約束をキャンセルして、スーパーへ走り、さらに買い物をした。

**ここに、チャーリーの人生のさまざまな分野で起こっていることが凝縮されている。そして、本人にも理解できないような行動を取らせる原因が見て取れる。**

チャーリーは「ドラマの三角形」のわなにはまっているのだ。

チャーリーが「救済者」で、マックスが「被害者」。こうなったのはよく理解できる。マックスは小さい頃、とても身体が弱かったので、チャーリーがずっとそばにいてやらなくてはならなかった。マックスはもう大人だけれど、そのパターンは継続されている。まるで最初の役にはまり込んで、抜け出せないみたいに。私が最初、幼い子どもの話を聞かされていると感じたのも、おそらくそのせいだろう。

チャーリーは優しいママだけど、与えて、与えて、もう与えられなくなったときに、怒りを爆発させた。**「利用されている」と感じ、いつの間にか「救済者」から「被害者」に役を変えていた。**

## 誰もが被害者意識を持ってしまう

ここが、私たち全員にとっての学習ポイントだ。

**「ドラマの三角形」で最初にどの役を演じていようと、ある程度長く演じると、結局は必ず被害者意識を抱えることになる。**だから「ドラマの三角形」は、「被害者意識の三つの顔」という名でも知られているのだ。

「救済者」は努力が認められない、と腹を立て、「加害者」は他人が自分の指導に従わない、と腹を立てる。

あなたも、こんな経験をしたことはないだろうか？　あなたは一度も片づけをしないパートナー（加害者）を批判しているけれど、自分ばかりが家の掃除をしていることに傷ついている（被害者）。あるいは、一度も片づけないのはあなた（加害者）で、パートナーにキツく言われたけど、責任を負う（「ドラマの三角形」から抜け出す）のではなく、キツく言われたことで「被害者」意識を抱いてしまう。

「ドラマの三角形」と、そこでチャーリーが演じているいくつかの役割について話し合ったところ、彼女は気づき始めた。善意でしてきたことだけど、マックスの世話を続けていたのは、大人としての息子の能力を見くびっていたからだ、と。

自分で自分の面倒を見る方法を学ぶ機会を与えなかったから、その悪循環《サイクル》が終わらなかったのだ。しかも「情けない」となじることで、いつの間にか「加害者」役まで演じていた。けんかしたあとに連絡を取ったときも、話し合って関係のバランスを正すのではなく、さっさと元の役――息子は「被害者」に、ママは「救済者」――に戻ってしまった。

**「ドラマの三角形」にたびたび陥ると、一番心地よい役に戻る方法を常に見つけるようになる。**マックスは故意に母親を操っていたわけではないが、長年今の形で世話をされていたから、自分の能力を信頼できなくなった。それぞれの役を演じることで親密な関係が保たれていたから、お互いにとって都合もよかった。

チャーリーは「必要とされている」と感じ、マックスも「大切にされている」と感じた。けれど、二人は今、愛と思いやりの新しい表現を見つける必要があった。

チャーリーが怒りを覚えず、マックスが自分の足で立てるように。**悪循環を断つために、二人はそれぞれの役を偏りのない心で理解し、お互いへの信頼を高められるよう一緒に努力する必要があった。**ゆっくり一歩ずつの前進ではあったが、親子の関係は10倍よくなった。

## ▼脱出のヒント㉓

**・どの役を演じようと、結局は（たいてい）被害者意識を持つようになる。**

**・アンバランスな人間関係の問題に取り組み、怒りが生じる前に境界線を引くことは、とても重要だ。自分が演じているドラマでの、自分の責任を認識することも同じく重要だ。**

### 役が変わったとき、気がついたか？

・最近、親戚や友達や同僚とけんか／対立したときのことを思い出そう

当事者が誰だったかを書き出そう。あなたと誰かの二人だった？ それとも、それ以上の人数だった？ この対立のドラマで、最初は誰がどの役を演じていただろう？ そのときは、あなたはほかの誰かを正していたのだろうか？（その場合、あなたはおそらく「加害者」もしくは「救済者」だった）。あるいは、別の人（たち）があなたを正していた？（その

場合、あなたはおそらく「被害者」だったろう）。次に何が起こった？　そして、あなたは最終的にどう感じたのだろう？　結局は「被害者」の気分になった？　あるいは、それ以外の気分だった？　その役は、相手やあなた自身、もしくは世の中についてのどんな思い込みを強化しただろう？

### ・あなたの人間関係で繰り返される対立について考えよう

今したばかりのエクササイズをもう一度しよう。

そこに、パターンはあるだろうか？　特定の役を演じたあとに、ある時点で「被害者」役に変わった？　それとも、問題の核心に正面から取り組んだだろうか？

あなたが、前に話した「真ん中の子」のように、無視されている気がするなら、「救済者」の役を長く演じすぎて周りが慣れてしまい、大切な人たちから目を向けてもらえない「被害者」の気分になっているのかもしれない。その場合、家族に自分の気持ちを伝えて、「もっと大切にしてほしい」とお願いしただろうか？　それとも、「加害者」モードに入って、家族を責め始めた？

あなたがいつも友達の仲裁を当てにしているカップルの片割れで、突然友達から「もううんざり」と言われたら、「友達にはがっかりだ」「私が大切じゃないから助けてくれないんだ」と感じただろうか？　もしそうなら、人間関係の問題に対処する別の方法を見つけただろうか？　あるいは、友達を批判し始めた？　あなたに厳しい同僚がいて、常にあれこれ求められて不安になったなら、時間内にできること、できないことを伝えて、相手との間に境界線を引いただろうか？　それとも、チーム内のほかの人に、その同僚がどれほどひどい人間か愚痴をこぼし始めた？

回答を見る人はいないので、なるべく正直に答えよう。パターンを特定できたら、今後「被害者」役を降りるためにできることを決めよう。やり方がよくわからないなら、この章を最後まで読んでから、このエクササイズに戻ってきてほしい。

## 好きなのに「好き」と言えない心理状態

### ――人は「お気に入りの役」で再演したがる

自分がどの役を演じているか、また、それが自分で選んだ役なのかどうかを理解することは、「ドラマの三角形」から抜け出す第一歩だ。

しかし、悪循環を完全に断ち切りたいなら、自分が陥っている状況を見えなくさせているものについて、少し知っておく必要があるだろう。

**人はしばらくの間「ドラマの三角形」に陥ると、「ゲーム」を始めてしまうことがある。それは特定のパターンを持ち、予測通りの結果をもたらすゲーム**だ。

そこではたいてい、お気に入りの役を演じ続け、（無意識に）強く望んだ通りの結果を得ることになる。そんなゲームをしている自覚はほとんどないが、そもそも自分の動機や行動を十分自覚していれば、ゲームに参加することを選ばない。こうしたゲームによって、人は人生にドラマをつくり出し、再演し、さらに行き詰まることになる。

これは**楽しむためのゲームではなく、あるニーズを満たすためのゲーム**だ。それは私たちがはっきりと自覚してはいないニーズで、普通に要求したら相手から断わられる、と感じているニーズだ。

カナダの精神科医エリック・バーンは、著書『人生ゲーム入門――人間関係の心理学』（河出書房新社）の中で「ゲーム」という考え方を打ち出したとき、誰もが理解できるわかりやすい例を挙げた。子どもが何人かいる人や、幼いきょうだいが身近にいる人ならお気づきだろうが、**一人が病気になると、もう一人も、明らかに健康そのものなのに、突然「私も」と言いだすことがある。**

これがゲームの一例だ。幼い子ども（ジミーと呼ぶことにしよう）は、病気のきょうだいと同じように丁寧に世話をしてもらいたいのだ。子どもがこのゲームをするのは、きょうだいが本当に病気なのに「ずるいよ！　僕にもして！」と言ったら叱られるとわかっているからかもしれないし、自分が何を望んでいるのかはわからないけれど、とにかくそうしたい思いに駆られて、しているだけかもしれない。

どんなゲームであろうと、人は次のような理由で、ゲームをする傾向がある。

**1. ほしいものを「ほしい」と相手に伝えたくない（あるいは、伝え方を知らない）。**

**2. 誰かの関心がほしくてたまらないが、要求はしたくない。**

**3.「親しくなりたい」と言わずに、相手と親密になりたい。多くの人は、親密さを求めると惨めに見える、と思い込んでいる。**

**4. 不快感を覚えるような物事を回避したい。**

**5. 無意識に古いシナリオを再演している。**

**6. 暇つぶしの方法を探している――ゲームをすると、パワフルな気分になったり、「必要とされている」と感じたり、単純に気晴らしになったりするからだ。**

**7. 幼い頃に見たものを繰り返している。**

このリストを読んで、不思議に思ったのではないだろうか。ゲームをしても今より幸せになれないのに、なぜしつこくゲームを続けるのだろう？　と。

大切な人たちと何の交流もしないより、ネガティブなやりとりでもしたほうがマシだし、ご存じのように、おなじみの結果を伴う行動を繰り返すと人は心が落ち着くのだ。たとえネガティブな結果を招くものでも。それに、**ほとんどの人は、ほしいものを要求できるなんて思っていないか、そもそも自分のほしいものをわかっていない**。つまり、ゲームをしていることにすら気づいていない！

すべてのゲームが有害だとは限らないが、それなりの頻度で繰り返すと、身動きが取れなくなる可能性がある。役に立たない思い込みを刷り込まれたり、ニーズが満たされなくなったり、人間関係にイライラが生じたり。

では、「僕も病気だ」と言っていたジミーの話に戻ろう。この手のゲームは害がないし、たいていは大人が「構ってほしくて言ってるんだな」と気づいて、それなりの反応をしてくれる。ただし、こんな罪のないゲームでも理解してもらえないまま繰り返されると、子どもは「構ってもらうためには病気にならなくちゃいけない」と思い始めるかもしれない。そうなると、とても危険なサイクルが生まれる。

## 古典的なゲーム

過去に参加したかもしれないゲームを漠然とでも知ってもらうために、いくつか古典的なゲームをご紹介したいと思う（それ以外のゲームについては、この章のほかの部分でお話ししていく）。

### ゲーム1 「何でやってみないの？　うん、でも……」

今抱えている悩みを――職場で何かが起こった、友人とけんかしている、などと――友達に話したら、その人が代わりに解決しようと介入してきたことはないだろうか？

耳を傾けて共感してくれるのではなく、**「何で［提案を入れよう］をやってみないの？」**と言うから、あなたはこう答える。「やってみてもいいけど、［その提案がうまくいかない理由を山ほど挙げる］」。すると、友達が言う。「わかるよ。でも、何でやってみないの？」。「うん、だから、やってみてもいいんだけど……」。

このやりとりが延々と続き、二人ともイライラを募らせる。あなたは、わかってもらえないと感じ、何が必要なのか、友達がピンときてくれないことに腹を立てる。

しかも、解決策が見つからないこと自体が、心配していた通り、とんでもない状況だと証明している気がして、それにも腹が立ってくる（「やっぱりな。もはやお手上げなんだよ」と）。友達は友達で、自分のアドバイスが何一つ役に立っていない様子に、うろたえたり苛立ったりしている。

こんな経験があるなら、あなたはすでに私が何を言おうとしているのかを知っている。

こういう状況に陥るのは、**自分が友達に「わあ、それは大変だね。気の毒に」と言ってもらいたいだけだ、と自覚していないせいかもしれない。**あるいは、「被害者」だという印象を与えたくなくて、サポートや共感を求めてはいけない、と思い込んでいるせいかもしれない。

そんなわけで、友達が気持ちを察して共感してくれることを期待しながら、密かにゲームを始めるのだが、結局、「絶望的な事態だ」という最初の気分をさらにこじらせてしまう。

とはいえ、ゲームを始めるのが、悩みを抱えている人間だとは限らない。時には、友達に自分の気持ちを話したところ、それが相手の「内なる救済者」を呼び覚まし、頼んでもいないのに、相手があなたを救おうとし始めることがある。

そのときに何が起こっているかに気づいて「私はただ気持ちを聞いてもらいたかっただけで、まだ解決策を求めてはいないの」と言えば、ゲームが勝手に進行することはない。でも、提案された解決策の一つ一つがなぜうまくいきそうにないのかを語り始めると、あなたもゲームに参加してしまう。始めたのが、あなたではないとしても。

**私たちは、お気に入りの役を演じるチャンスをくれる人たちに引きつけられ、進んである種のゲームをする人たちに引き寄せられる。**

たとえば、「何でやってみないの？　うん、でも……」のゲームをすると、「助けようとしただけなのに」というゲームが大好きな人たちに出会うだろう。このゲームは、「救済者」役を演じてきた人が怒りや苛立ちを募らせて、「救済者」から「被害者」に変わる瞬間に始まる。

こうしたゲームが、心の葛藤から生まれるとは限らない。どんな状況でも生まれる。たとえば、誰かに作品を見せたら、相手が「こう変えればいいよ」とアドバイスを抱えて突進してきたとき。あるいは、この本を手に取って、何を読んでも「うん、でも、僕には役立たないな。だって……」などと思ったとき。

**そんなときは、自分に尋ねよう。アドバイスが役に立たない、というのは本当だろうか?**

あるいは、自分が別のこと――たとえば、「いいかい、人生がうまくいかないときだってあるさ」とささやく、穏やかで安心できるような声――を求めているのではないか? と。

求めているものがそれだとしたら、私が喜んでその言葉をあげよう! だから少し休んで、周りの人たちから優しくしてもらってほしい。

## ゲーム2 欠点

**誰かに嫉妬したり腹を立てたりしているのに、それを自覚せずに、相手のあら探しをしてしまったことはないだろうか?** これは「**欠点**」**のゲーム**だ。

このゲームは「私は力不足だ」と感じたり、何らかの不安を覚えたりしたときに発生する。そういう感情を何とかしたくて、もっとパワフルな気分になりたくて、人は無意識に「加害者」になり、相手の欠点を探し始める。前の章でお話しした「トール・ポピー症候群」は、世界規模で行われている「欠点のゲーム」の例だ。

相手の欠点に目を向けると、自分の本当の気持ちを見ないでいられるし、他人と結びつくこともできる。

ここまではゴシップをネガティブな観点からしか語ってこなかったけれど、正直なところ、他人と誰かの悪口を言い合うことで、うんうん相槌《あいづち》を打ち合って連帯感を覚えたり、悪口の対象にちょっとした優越感を抱いたりしたことが一体何度あるだろう？

**「欠点のゲーム」は、人々の間に亀裂を生じさせ、自分の本音を見えなくするだけではない。世代の違う人同士を行き詰まらせ、仲たがいさせる。**

たとえば、年を取るにつれて、若い世代に不安を募らせる人たちがいる。たぶん若者から「取るに足りない存在だ」と見下されている、と思い込んでいるからだ。だから「欠点のゲーム」を始める（「ほらな、ミレニアル世代が家を買えないのは当然さ。アボカドだのおしゃれなコーヒーだのに全財産をつぎ込んでるんだから！」と）。若い世代も黙ってはいない。「ベビーブーム世代は私たちの懐《ふところ》具合についてあれこれ言っているけど、私たちが絶対にもらえない年金を受け取ってるのは彼らだからね」。

年輩の世代はみんな「若者は仕事嫌いだ」「のんきにやっている」などと思っているけど、若い世代はみんな「年寄りはぬかるみにはまって、もう抜け出せない」と思っている。

誰が一番かを証明し続けるこんなゲームをしたところで、お互いから学ぶことはできないし、こんなのは、徐々に広がる年齢差別の影響や評価される恐れを覆い隠す茶番にすぎない。

**「欠点のゲーム」はまた、自分でも恥ずかしく思う行動を取ってしまったときに、責任を取る邪魔をする。**

たとえば、誰かに「あなたがしたことは間違っていた」と指摘されるとつい身構えて、ひどく傷ついた気分になり、「あなただって完璧じゃないでしょう」などと言い放ってしまうことがある。そして、その問題とは何の関わりもない相手の欠点を、頭に浮かぶままにずらずらと並べてしまったりする。

「欠点のゲーム」は短期的にはつらい感情から守ってくれても、問題の解決も、自分の成長も、人とのつながりも妨げてしまう。

## ▼▼脱出のヒント24

**・同じゲームを続けていると、自分が自分に聞かせている役に立たない思い込みや物語に命を**

吹き込み続けることになる（「ほかのやつらはどうしようもない」「みんなは私ほど頭がよくない」など）。

・ゲームは短期的には心地よい瞬間をくれるが、最終的には人間関係を損ない、自分に必要なものに気づいたり、それを求めたりする能力を妨げる。

・今何が起こっているのか、その事態をどう変えたいのかを挙げていくことで、ゲームから抜け出せる。友達と直接話をすることも、心が落ち着くまで距離を取ることも、自分で選べる。

## 責任をなすりつけ合うゲーム

### ――「基本的な帰属の誤り」

多くの人が「ドラマの三角形」から抜け出せなくなる大きな理由は、ヒューリスティックスや私たちがしているゲームの多くが、他人を問題にしてしまうから。つまり、**往々にして自分の問題を見えなくするからだ。**

「**基本的な帰属の誤り**」という言葉を聞いたことがあるだろうか？

自分の行動の原因は自分の性格ではなく状況や背景にある、と考えるのに、他人の行動の原因は状況や背景ではなくその人の性格にある、と考える傾向のことだ。たとえば、自分が仕事に遅刻したときは「交通渋滞のせいだ」と言うくせに、他人が約束に遅れてくると、「失礼なやつだ」と考える。要するに、**人は他人よりも自分を大目に見る傾向が強い**のだ。

これはメディアが大衆を引きつける手法でもある。誰かが犯した間違いを記事にして、あたかもその人が大バカであるかのように報じる。「ドラマの三角形」やゲームはメディアの大好物なので、それを消費するときは、記事が一方的なことに気づかなくてはいけないし、第2章でお話ししたように、メディアが物語の主人公をどのように位置づけているかも意識する必要がある。

誰かを「悪者」だと信じるよう促されていることに気づいたら、次のように考えてみる必要がある。**1）自分が不安で、腹が立っていて、力不足だと感じているから、「欠点のゲーム」をしているのではないか？　2）その人に対して、自分自身にはしないような憶測を立てていないか？**

自分自身にするように、他人にも「疑わしきは罰せず」の姿勢を取らなくてはならない。そのためには、「ハンロンの剃刀《かみそり》」――「愚かさで十分に説明のつく事態を、悪意のせいにしてはいけない」――という考え方がとても役に立つだろう。

つまり、**私たちが目にする「悪い行い」の多くは、実はうっかりミスだということ。ただし、バランスを取るために言っておくと、誰もがベストを尽くしていると、やみくもに信じるべきでもない。**

「基本的な帰属の誤り」はゲームではなく、第2章で学んだような先入観の一つだ。とはいえ、これとよく似た形で他人を責めるゲームも存在する。

## ゲーム3と4 「あなたのせいだからね」と「あなたがいなかったら……」

第1章でお酒をやめようとしていたサムを覚えているだろうか？

サムは飲酒のきっかけになるものを排除するだけでなく、第1章で説明したように、より健全なほかの選択肢も見つけなくてはならなかった。

また、サムは、お酒をやめる邪魔をしている二つのゲームと闘う必要があった。まず、会話の中でサムは何度も言っていた。**「友達にイライラさせられると、それを飲む言い訳にしてしまう」と。**つまり、「あなたのせいだからね」のゲームをしていたのだ。

さらに明らかになったのは、サムが断酒の計画を秘密にしていたのは、本人が初期のセラピーで説明していた「プライバシーを守るため」だけではなかったこと。計画を周りに伝えなければ、短期的には役に立つもう一つのゲームをするチャンスが生まれる。つまり、**「同居人たちがお酒をやめるまで、私もやめられない」と人に言うことができるのだ。そう、「あなたがいなかったら**（**すでにやめていたのに**）**」のゲーム**だ。

どちらのゲームもとてもよく見かけるもので、自分の行動の責任を他人に転嫁できる。サムの場合は、「私がただ飲みたくて飲んでいるだけ」という事実を認めずにすんでいた。

サムは自分の行動に責任を負い、第1章で話した手段を強化することで、見事に飲酒癖を克服した。ただし、新しい人生が始まっても、先ほどのゲームが終わっていないことに気づくことになった。

## 新しいことを始めるのが怖くて、人のせいにする

ある日サムが、3時間のZoom会議を終えてすぐ、嫌々ながら大急ぎでメモをまとめていると、パートナーがバタバタとオフィスに駆け込んできた。ドアのすき間から彼の笑顔が見えた途端、サムは誤って、今打ち込んだばかりの文章をパラグラフごと消してしまった。「あなたのせいだからね！」とサムが怒って言うと、パートナーはうろたえて部屋を出ていってしまった。「今夜は何が食べたい？」と聞きたかっただけなのに。

イライラがおさまると、サムはおなじみのセリフを叫んでしまった自分を思い出し、首をかしげ始めた。「いきなり入ってこられてイライラしただけ？　それともこれは、昔していたゲームの別バージョンなのかな？」。サムの見解はこうだ。自分はまだ時間や空間にまつわる境界線の引き方を学んでいない。だから、パートナーに「1時間ほど集中したいの」と伝える代わりに、ミスを彼のせいにして追い出してしまった。

その1ヵ月後、サムは第2章の価値観のエクササイズ（自分を知るための8ステップ）を終え

て、新しく「価値観に基づく人生」を始めることにわくわくしていた。新しい仕事に応募し、新しい言語を学び、外国で1週間ほど過ごすつもりだった。ところが間もなく、パートナーがまたしても悪者にされた。「彼がこういうのはやりたくないって言うの。だから、私もできなくなっちゃった……」。今挙げた活動はどれも一人でできることなのに、なぜパートナーの選択のせいで自分もできなくなるのだろう？

私もサムも気づいたのは、おなじみの「責任をなすり合うゲーム」のにおいがすること。そう、「あなたがいなかったら……」のゲームだ。**「あなたがいなかったら……」は、「やる」と言っていることをやるのが**（**無意識にしろ、そうでないにしろ**）**怖いときに始めるゲームだ。**

サムは、自分の殻を破りたがっていた。頭の中では。でも本当は、新しいことに挑戦するのが怖くてたまらない。「失敗したらどうしよう？」と恐れているのだ。だから、現状を維持するためにパートナーのせいにして、それに気づいていなかった。

このゲームがサムを恐れから守っていること、これが実はセルフ・サボタージュの一種であることを理解してから、第2章でお話ししたステップ別の行動計画を立てた。

つまり、恐れを認識し、その恐れを裁判にかけ、「こうなったらどうしよう？」という恐れを最後までたどる。それから、自分の考えを試す行動実験を計画し、恐れている状況に自分を優しく導いて、少しずつ勇気を積み重ねていく作戦だ。「**付録3**」**を参照すれば、ステップご**

**とに計画をどう進めていけばいいかがわかるだろう。**

## 決断を相手に委ねてしまう

私たちの多くは、知らず知らずのうちにこうしたゲームをしている。それになかなか気づけないのは、本当にほかの人たちや状況が原因で前に進めない場合もあるからだ。

たとえば、親になったばかりで、周りのサポートがなければ、新しい趣味を始められない場合もあるし、パートナーが支配的な人で、あなたが主体的な選択をするのを許さない場合もあるだろう。だから、頭の中や現実世界のどこに障害物があるのかを明確にするのは、一人一人にとってとても重要なことだ。**責任をなすりつけ合うゲームをしていると、現状から抜け出せなくなるばかりか、ドラマでの自分の責任から目をそらし続けることになる。つまり、ここで説明してきたような形で「被害者」役から抜け出せなくなるのだ。**

すると、「物事は絶対に変わらない」「人間関係のせいで前に進めない」という思い込みがますます強化される。また、「**私は受け身だから、私に非はない**」「**変化は周りの人たちが起こすべきものだ**」**という思い込みもいっそう強くなるだろう。**たとえば、自分で決断したくないときは、誰かにお任せしたりする。そうすれば、うまくいかなくても結果に責任を取らなくてすむし、「あなたのせいだからね！」と言える。そういうときは、「責任をなすりつけ合うゲーム」のお膳立てをして、相手に「加害者」役を課しているのだ。

## ▼▼脱出のヒント㉕

・ゲームは私たちに、「他人の責任だ」と思い込ませる。だから、自分が自分の行き詰まりの一因だとは気づかない。

・「あなたのせいだからね」も、「あなたがいなかったら……」も、そうしたゲームの一例だ。これらのゲームは、日常生活の中でさりげなく行われていることも多いが、極端なケースでは、「被害者」が迫害を続ける虐待者に雇われていたりする（虐待者は、たとえば、「うっとうしい」などの理由で、相手を責め続ける）。

・事態が誰の責任なのかわからない場合は、第3章でご提案したように、五分五分だ（50パーセントはあなたの責任で、残りの50パーセントはあなた以外のことが原因だ）という前提からス

**タートし、その証拠を探そう。**

## ゲームのせいで身動きが取れない？

・先ほど話したゲームのどれかに参加したときのことを思い出そう

それは、いつのことか？　なぜゲームが発生したのか？　何も頭に浮かばないなら、最近悲しかったり、うろたえたり、誤解されたと感じたり、腹を立てたりしたときのことを思い出そう。そのとき、先ほどのゲームのどれかに参加していた？

たとえば、素晴らしい人に出会ったのに、相手を知ったり、その人の前で感じる不安に対処したりせずに、「傲慢そうな人だよね」などと周囲に話して、仲よくなれるチャンスをつぶしてしまった？　あるいは、みんなの世話を焼くことで「役に立っている」気分を保ち、相手は別のサポートを求めているのに、アドバイスを聞いてもらえないと、「助けようとしてるだけなのに」とブチ切れてしまった？　うっかり問題を起こしたときや、ちょっとしたことで誰かを責めてしまったときに、「しばらく一人になりたい」と言う代わりに、相手を追い払ってしまった？

・あなたが習慣に変えたいと思っている行動のリストに戻って、ゲームがその行動を始める邪魔をしていないか、自分に尋ねよう

あなたは、「ほかの人たちが賛成してくれないと始められない」と口にしていないだろうか？ ほんの少し形を変えれば、一人でもできることなのに。あるいは、「新しい活動を始めたくてたまらない」と言いながら、解決策を提示されるたびに、うまくいかない理由を山ほど挙げていない？ もしそうなら、あなたがしているゲームは、「あなたがいなかったら……」だろうか？ それとも、「何でやってみないの？ うん、でも……」だろうか？ そして、あなたに本当に必要なのは、一人で行動する恐れに対処する方法を見つけることだろうか？ それとも、大切な誰かに「今つらいから、精神的に支えてほしい」と伝えることだろうか？

自分がしているゲームを特定したら、そのゲームの原因は何か、そして、ゲームではなく新しい習慣を始めるために何ができるか、考えてみよう。ゲームの根底に何があるのかわからなくても、心配は要らない。次のセクションが、掘り下げる助けになるだろう。

# 一つのゲームの裏にあるいくつもの理由
## ――ヤバい人に口撃された時の対処法

あなたは今や「ドラマの三角形」や、よくあるゲームについてしっかりと理解している。次のステップでは、**何があなたをゲームに駆り立てているのかについて、詳しくお話ししたい。**このあたりで、ちょっぴり難しくなってくるかもしれない。

**ゲーム5 「ほら、お前の負けだ、クソッタレ」**

ある時期、クリニックには、まったく同じゲームをしている五人の患者がいた。これは「している」と誰も認めたがらないゲームだが、誰もがしている。しかも、さまざまな理由で。

**「ほら、お前の負けだ、クソッタレ」は本質的に、一人がもう一人を窮地に追い込み、相手が反応したら大喜びで飛びかかる、というゲームだ。**

緊急連絡：誰かがあなたにこのゲームを仕掛けてきたら、参加しないただ一つの方法は、立ち去ること。

あなたの周りにもいないだろうか？　周りの人たちにちょっかいを出しては、けんかをふっかけようとする人。今からお話しする一人目の患者が、まさにそういう人だった。

彼がセラピーに来たのは、みんなから「怒りの問題を抱えている」と繰り返し指摘されたから。ただし、本人は納得していない。

「俺はふざけているだけ」そう思っている。人が集まるイベントで、みんなが重要なテーマについて話し合うたびに、物議を醸《かも》す発言をした。「性差別なんかでっち上げだ」「5Gなんか使ったら、脳腫瘍ができるぞ」と。

誰も返事をしないと、さらにとんでもない発言をして、さらに大きな声を出し、自分が読んだ研究論文を引用した。誰かに噛みつかれて、発言を非難されるまでずっと。噛みつかれた途端に、高揚感に浸った（「ほら、お前の負けだ！」と）。これで勝ったことになるのだ。

「面白半分にやっているだけ」と彼は言った。でも、深く掘り下げていくうちに明らかになったのは、**彼が常に心配し、恐れていることだ。「みんなにバカだと思われる」「無視されるんじゃないか」**と。

だから、二つの不安に対処する方法を見つけた。本当はみんなとつながって認められたいけれど、要求するわけにはいかないから、耳を傾けさせるこのゲームをしているのだ。

無理矢理注目させたのはいいけれど、残念ながら、お互いの話を聞いて議論し合うのではなく、威嚇したり叫んだり。彼と話をしたがる人も、賢い人だと思ってくれる人もいなかった。こうした行動の例に漏れず、最悪の恐れを裏づける結果になった。

## 他人を攻撃したがる患者たち

二人目の患者のジェーンは、結婚生活を何とかしたがっていた。夫にひどく腹を立て、夫のやることなすことすべてにイライラしている。請求書の仕分けや洗濯を頼んでも、絶対にきちんとやらない。いや、少なくともジェーンと同じレベルではやれない。

一緒に社交の場に出ても、ジェーンが望むような丁寧なもてなし方ができない。だから、夫が間違えるたびに、指摘せずにはいられなかった。

**気づいたのは、夫婦の関係はおおむね、きちんとやらない夫とそれを注意する妻、という形であること。**私も「そういうのはイライラするよね」とうなずいたけれど、ジェーン本人も認めているように、小さなしくじりの一つ一つに必要以上に激高している感じがする。

相当深く掘り下げてわかったのは、夫が数年前に浮気をしたことだ。別れない、と二人で決めて、ジェーンも許せるし忘れられると思っていた。ところが、ご想像の通り、言うは易く行うは難しだ。今でも浮気に腹が立って仕方がないけれど、怒りをあらわにしていいとも思えない。だから、怒りは今もふつふつとくすぶっている。ジェーンは無意識に、夫がしくじるのを待っているのだ。そうすれば、失敗した途端に、「ほら、お前の負けだ！」と怒りをぶちまけられるから。

次の患者は、「関係改善のために、もっと上手にコミュニケーションを取りたい」という夫婦だった。二人の関係は行き詰まっている。セラピールームで展開されたシーンの一つは、夫が妻に「大丈夫？」と尋ねることだった。

妻は「大丈夫」と答えるのだけど、しばらくすると、また夫が「大丈夫？」と聞く。妻は「ええ」とまた答えるのだが、その後、沈黙があると、夫が言うのだ。「大丈夫？」「大丈夫じゃないよね？わかるよ！」。すると妻が苛立ちのあまり、さらに目を大きく見開いて「大丈夫だ、ってさっき言ったよね？」と言う。

夫は「わかってたよ。俺のこと怒ってるって。言えないだけなんだろ？」と責め立てる。夫は妻が怒っているのでは？　と恐れているけれど、「怒ってる？」とは聞きづらいから、こんなゲームを仕掛けて、「ほら、やっぱり」と自分の正しさが証明された気になっている。二人ともイライラを募らせ、夫婦関係を前向きに進めることができない。

最後の患者はとても進歩的な人で、社会の不公正にまつわる新しい教訓や挑発的な記事を見つけると、詳しく学ぼうとする。情報通になる役目を自ら買って出ているのだが、同時に意識が高くない人たちや教育が必要な人たちの存在にも気づくようになった。**周りの人たちに時事問題を語るようになり、その日学んだ統計データをさりげなく口にし続ける。相手が「その情報、まだ知らないな」とつぶやくまでずっと。**それを聞くと、彼女はショックを受け、自分が知っているあれもこれも知らない相手に、恥をかかせてしまう。

そして、そういう自分はよい人間だ、と心から信じていた。残念ながら、こんな会話は誰の役にも立たないけれど、誰かがそう指摘していたら、きっと憤慨していただろう。

この事例では、「ほら、お前の負けだ、クソッタレ」は、「私はしっかりやれていない」という彼女の恐れを覆い隠していた。だから、自分が本当にほかの人たちよりモラルが高くてよくやっている、と証明できるまでこのゲームを続けた。

## 「パワー」「愛」「世話《ケア》」あなたが欲しているものは何か？

今紹介したのは、どれも同じゲームの別のバージョンで、それぞれに別の解決策が必要だった。

最初の患者には、人間関係と自尊心にまつわるサポートが必要だった。二番目の患者は、浮気の衝撃から本当の意味で立ち直るための時間と空間を必要としていた。三番目の夫婦は、効果的なコミュニケーションが取れるよう取り組む必要があった。そして最後の患者は、自分がしているゲームと、ゲームをしている理由を理解すると、それ以上のサポートを必要としなかった。自分に「救済者」の傾向があることを認めただけで、そのパターンを手放せたからだ。

**ネガティブなパターンやゲームから抜け出したいなら、自分の望みやニーズ、表面的な行動の下に潜んでいるものをよく知らなくてはならない。**

結局対立してしまう自分に気づいたなら、自分が本当は何を必要としているか、よく考えよう。あなたが一歩も引かないのは、腹が立っているから？　それとも誰かに、気に入らない行動を改めてほしいから？　あるいは、相手があなたにイヤな思いをさせているからだろうか？

たとえば、あなたの元気を奪ったり、至らない気分にさせたり、相手が被害者っぽくふるまったりすることに手を焼いている？　何が潜んでいるかを明らかにし、それに対処しよう。
**別のゲームだけれど原因は同じ、という場合もある。**それは、あなたがなぜそのゲームをしているのか、考える役に立つだろう。

私たちはたいてい、何かに対する安心感を得たくて、「何でやってみないの？　うん、でも……」や「あなたがいなかったら……」のゲームを始める。そして、後ろめたさや相手を責めたい気持ち、疑いの気分を晴らしたくて、「あなたのせいだからね」や「あなたがいなかったら……」、さらには「助けようとしただけなのに」といったゲームをすることが多い。そして最終的に、パワフルな気分や支配的な気分を感じたくて、もしくは、抑圧してきた怒りをぶちまけたくて、「欠点」のゲームや「ほら、お前の負けだ、クソッタレ」のゲームをする。

それでもあなたを駆り立てているものが何なのか明らかにならないなら、こう考えてほしい。**ほとんどのゲームには、「パワー」「愛」「世話《ケア》」というテーマがある。**だから、**ゲームをしているなら、「何かしら無力感を覚える？」と自分に尋ねてほしい。**

無力感があるなら、それはなぜか？　あるいは、「何かしら愛されていない気持ちがある？」と、尋ねよう。あるとしたら、それはなぜか？　それとも、「何かしら怒りを感じる？」と、尋ねてみよう。感じるとしたら、それなぜだろう？

過去の自分に関することで、頭に浮かんでくることを自由に書いていくうちに、潜んでいる気持ちが明らかになるだろう。しばらくの間、日記をつけてみるのも同じ効果があるが、あなたをけんかに駆り立てるようなパターンが存在するのかどうか、わかるだろう。自分の気持ちやニーズを特定したら、それにどう対処するかを決めよう。

緊急連絡：中には、ただ退屈だからゲームをしている、という人もいる。スズメバチの巣を蹴っ飛ばして、退屈を吹き飛ばしてくれる大騒ぎを起こすのだ。

## クソッタレって誰のこと？

・あなたが「ほら、お前の負けだ、クソッタレ」のゲームをしたときのことを思い出そう。なぜそんなゲームをしたのだろう？　ゲームをすることで何が明らかになった？　そして、あなたは何に取り組む必要があるのだろう？

もしかしたら、セレブが恥ずかしいことをしでかしたのを見て、「もう大した存在じゃないよね？」などと勢いづいたことがあるかもしれない。それもこのゲームの一つだ。あるいは、職場に嫌いな人がいて、文句を言う口実がほしいから、その人がミスをするのを今か今かと待っていたかもしれない。そんなゲームをしたのは、「自分にはその人ほどの力がない」と不安だったからだろうか？

そうだとしたら、サボタージュの章に戻って、自尊心や、自分自身をどう感じるかに影響を及ぼすさまざまな思い込みに対処してはどうだろう？　それとも、別の理由でゲームをしていたのだろうか？　回答を見る人はいないから、偏りのない目で、自分の行動に対する責任を認め、自由に対策を講じてみてほしい！

・ほかの誰かが「ほら、お前の負けだ、クソッタレ」などのゲームをあなたに仕掛けてきたときのことを思い出そう。どのゲームだったか、原因は何だったかを明らかにし、また同じことが起こった場合の対処法を考えよう

誰もがゲームをするので、他人のドラマに引き込まれそうなときに気づくのは、正気や人間関係を保つのに重要なことだ。けんかをふっかけてきた人が、あなたが負けた途端にうれしそうな顔をしたなら、相手はあなたには言えないまったく無関係な何かに腹を立て、「ほら、お前の負けだ、クソッタレ」ゲームを始めたのかもしれない。そうだとしたら、そして、相手がよく知っている人でまた同じことが起こった場合は、こう言ってみたらどうだろう？

「私をけんかに誘い込もうとしてるみたいだけど、どうしてかわからないよ。どうかしたの？　何かわけがあって怒っているの？　誰かに拒絶されたとか？　よかったら聞くよ」。もしくは、前にもお話ししたように、その場を離れる必要があるかもしれない。誰かが身近な人を批判し始め、ひどいおしゃべりにあなたを引き込もうとしたなら、悪口を言われている人の何かを言っている人が不快に感じて、「欠点」のゲームが始まったのかもしれない。

そうだとしたら、ソクラテスの三つのフィルターを使ってみてはどうだろう？　あるいは、ゲームの正体を暴くために、こう言ってみるのもよいだろう。「あの人の功績は本当に素晴らしい。素晴らしすぎて、時々自分のことが不安になるけど、そんなときは思い出すんだ。ほかの人のために喜ぶこともできるし、刺激や励ましをもらうことだってできる。誰かが成功したからって、僕が出来損ないってわけじゃない」。あるいは、「ほかの世代を攻撃するようなわなにはまりたくないの。それって恐怖に突き動かされてるんじゃないの？　と思うから」。もしくは、何も言わず、ただゲームに抵抗する手もある。

## ▼▼脱出のヒント㉖

・ほとんどのゲームは、「力」や「愛」や「世話《ケア》」を求める気持ちに突き動かされている。ただし、退屈や悪い習慣が原因の場合もある。

・ゲームの中には、その場を離れることでしか止められないものもある。

# 三角形をひっくり返す
## ――あなたには人生を選択するパワーがある

人間関係の行き詰まりを解消するには、今経験しているようなドラマをいつ、なぜ生み出してしまうのかを理解する必要がある。また、身近な人たちのパターンを知る必要もあるだろう。

ゲームから抜け出して、他人に、人生の対立でその人が演じている役について伝えてあげることもできるが、責任を取れるのは自分の行動に対してだけだ。

**「ドラマの三角形」から必死で抜け出しても、ほかの人たちは頑なにゲームを続けるつもりだ、と気づくかもしれない。彼らは、自分がなぜそんなことをしているのか、まだ気づいていないからだ。**それでも私の経験では、たいていの場合、一人がドラマに反応するのをやめると、炎から燃料を取り除いたみたいに、時間が経つと炎が消える（自分が行動を変えると周りの人たちにどんな影響を及ぼすのかについては、次の章でさらに詳しくお話しする）。

わかっているのは、**「ドラマの三角形」やゲームから抜け出すには、自分自身を知り、思い**

**やりと好奇心を持って状況に取り組む必要があること。自分は大丈夫であること、そして、ほかの人たちも大丈夫であることに気づく必要がある。**

あなたには、自分の好きなように人生を選択するパワーがある。そして、周りの人たちも同じパワーを持っている。たびたび「加害者」や「救済者」の役を演じているなら、理解する必要がある。他人にとって何が最善なのかをあなたが知っているとは限らないし、他人が自分らしく生きるためのサポートするのは、あれこれ指図することとは違う。

**自分が三角形のどこにいるのかがわかったら、次のステップは、三角形をひっくり返そうと考えること。**

アメリカの作家でリーダーシップ・コーチのデイヴィッド・エメラルドは、「ドラマの三角形」から自信を持って抜け出せるよう、「**エンパワーメント・ダイナミクス**」というモデルをつくった。このモデルは、「被害者」が「創造者」に変わる（問題解決のチャンスを手に入れる）道筋を示し、「加害者」が「挑戦者」に変わる（他人を責めるのではなく、自分のニーズや望みを前向きに主張できるようになる）道筋を示し、「救済者」が「指導者《コーチ》」に変わる（他人に依存するのではなく、健全な相互のつながりを育む）道筋を提示してくれる。

この章の最後のパートでは、そのためのステップを詳しくお話ししていく。

## 変身1 「被害者」から「創造者」へ

**「創造者」になりたいなら、自分は自分が思っているより有能だ、と理解しなくてはならない。**「何でやってみないの？　うん、でも……」や「あなたのせいだからね」のようなゲームに気をつけ、必要なものを要求することを学ばなくてはいけない。

「他人に救ってもらう必要がある」という思い込みを手放し、自分で責任を負うのは恐ろしいことかもしれない。あなたもそうなら、自力で何かをしたときのことを思い出そう。

何かがしたいと心に決めて、実際にやってみたときのことを。それはあなたが、自分のやりたいこと、今後やっていくことをきちんと決められる証拠で、あなたに力をくれるだろう。

### 「創造者」になる

- 自分を見くびるのをやめよう
  さあ、あとについて言おう：「私は、自分が思っているより有能であることを学んでいる。誰かに支えてもらうのは素晴らしいことだけど、救ってもらう必要はない。私は責任を取ることができるし、行動を起こし、リスクを取ることもできる」

・「価値観のリスト」に戻って、今後どんな人間になりたいか、どんな習慣を身につけたいかを確認しよう

記入してある今後の望みの隣に、誰かの介入を待たずに、それぞれの目標を達成するために取れる手段を書き出そう。難しく感じる場合は、「付録2」の問題解決の手法を使って、アイデアを出そう。次に、そうした手段を妨げる可能性があることをすべて書き出そう。その障害物のどれが（「私にできる気がしない」などという）自分でこしらえたものなのか、どれが（それを始める十分なお金がない、などという）現実の問題なのかを明らかにしよう。

自分でこしらえた障害物については、自分の考えに異を唱え、バランスの取れた考えに置き換えて、障害物をどのように克服するか計画を立てよう。

・ネガティブな独り言に気づき、自分に思いやり《コンパッション》を示そう

第3章では、「セルフ・コンパッション」を始める簡単な方法や、セルフ・コンパッシ

ヨンのスキルを身につけるサポートをどこで得られるのかをお話しした。それでもなかなかうまくいかず、音声による誘導がありがたい、と考えているなら、この分野の第一人者であるクリスティン・ネフ博士の作品を調べてみてはどうだろう？

## ・一歩ずつ自信を積み上げよう

今日始められる小さな課題をいくつか設定しよう。そうすれば、自分が心を傾ければどんなことでもできる、とわかるだろう。「恐れに立ち向かえば向かうほど、失敗や拒絶にラクに対処できるようになる」と理屈の上で信じるのはそう難しくないだろう。だが、心の底から信じたいなら、行動することでそれを何度も自分に証明する必要がある。

あなたが、ママに頼って日常生活を送っていたマックスに似ているなら、人からどんなサポートを受けているのかをリストにし、自分で一番やってみやすい項目を選ぼう。あるいは、人間関係に境界線を引いていないせいで「被害者」モードに入ってしまったチャーリーに似ているなら、今日断われそうなこと、誰かに任せられそうなことを一つ決めよう。

選んだ行動があなたの今後の望みに直結していなくても構わない。「私には人生で望み通りのことをするパワーがある」という信念を構築する必要があるだけだから。こうした最初のステップをラクに感じたら、もう少しだけ難しい課題を選んで、積み上げていってほしい。そんな活動を、「ドラマの三角形」にはまり込んでいる以外の理由で避けていると気づいたら、第3章に戻って、そこで説明されている活動を実行しよう。

誰かの行動によって「被害者」役を担っていても、「創造者」になれる。その相手と一緒に取り組めるだろうか？　相手に自分の気持ちや、どうなることを望んでいるのか、伝えられるだろうか？　境界線を引けるだろうか？　そして、相手があなたを傷つけ続ける場合は、離れられるだろうか？

## 変身2　「救済者」から「指導者《コーチ》」へ

**「指導者」になるためには、ほかの人たちについてしっかり理解しておくことが重要だ。**その人が、自分で最善の判断ができない何らかの要因を抱えているわけでもなく、あなたが代わりに判断を下してあげる世話人でもないのなら、相手は対等な大人であり、自分で間違え、自分で自分の面倒を見る能力を持っている。

一歩離れることは、相手を見捨てたり、苦しいままに放置したりすることとは違う。その人が自分の足で立つ能力を尊重し、自分で責任を取る手段を身につけてもらうことなのだ。

あなたがそれを目指しているなら、**「何でやってみないの？　うん、でも……」**や**「助けようとしただけなのに」といったゲームに気をつけよう。**そして、よい「指導者」なら何をするかを考えること。よい「指導者」はダッと飛び込んでアドバイスするのではなく、積極的に耳を傾ける。代わりにしてあげるのではなく、相手が動きだせるように力を与え、ミスをしたり厄介な状況に陥ったりしても、前に進み続けるよう励ましの言葉をかける。

## 「指導者」になる

- さあ、あとについて言おう：「私は今、ほかの大人がこの世界で自分の道を見つけられる、と信じることを学んでいる。私もその人も大丈夫だから、私が導く必要はない。私は今、人として評価されるために、他人を救う必要はないと学んでいる」
- クエスチョンマークに気をつけよう

誰かが助けを求めていると感じたら、相手の言葉の最後にクエスチョンマークがついていたかどうかを考えよう。ついていなかった場合は、慌てて助けてはいけない！ その代わり、確認することはできる：「そのことで、助けを求めてる？」と尋ねるか、「とても大変そう。お話を聞きましょうか？」と質問しよう。

・他人が対立しているときに、仲裁者として呼ばれることが多いなら、こう言って、その役を降りよう

「大変そうだね。どうするつもり？」。それでもあなたを「救済者」として引き留めようとするなら、「その役は私のためにならないし、もう仲裁するつもりはないよ」と伝えよう。そして、介入するのをやめたら、何が起こるか見てみよう。前向きな変化を起こすために、「救済者」が姿を消さなくてはならない場合もあるのだ。

・あなたの時間や労力の上限を決めて、はっきり伝えよう

あなたがどれだけ手を貸しているかわかっていない人にイライラする前に、伝えること。また、サポートが必要なら、必ず求めること。あなたが苦労していることを他人がわかってくれる、と思い込んではいけない。相手はあなたの助けに慣れっこになって、あな

たが何を考え、どう感じているかなど、まるでわかっていないかもしれない。

・「救いたい」と感じる原因を知ろう

たとえば、あなたが友達をサポートしたいのは、悲しそうな様子を見たときに、自分が感じる不安を解消したいからかもしれない。その場合は、自分の感情的な反応に対処するすべを学ぶ必要がある。そのあとで、友達にも、感情に対処するサポートが必要かどうか、尋ねるとよいだろう。

### 変身3 「加害者」から「挑戦者」へ

「加害者」から「挑戦者」に移行するためには、「あなたのせいだからね」や「ほら、お前の負けだ、クソッタレ」といったゲームに気をつける必要がある。

そして、**自分のニーズを上手に（強引にならずに）主張するすべを学ばなくてはいけない。**

相手を支配したり人間性を攻撃したりせずに、その人の思い込みや行動に異を唱える方法はある。また、けんかをしても、相手を責めることなく、自分の行動や役に責任を取ることもできる。

## 「挑戦者」になる

・さあ、あとについて言おう：「批判や自己弁護をしたくなる気持ちはわかるけど、自分の気持ちに対処するもっと前向きな方法がある」

・責任を取ろう

他人に優越感や批判的な気持ちがわいたら、それに気づこう。そして、必要なら謝ること。また、誰かに対して起こした事件への責任を逃れてきたことに気づいたら、やはり謝ろう。謝ることで、弱い人間になるわけではない。謝罪はむしろ、あなたが自分の行動に責任を持ち、進んで成長し、周りの人間に投資する、責任ある大人であることを示すだろう。

・人間関係を大切にしよう

細かくうるさく言うのは、誰かに何かをさせる最善の方法ではないし、相手を侮《あなど》るのは人間関係をダメにする一番の近道だ。「加害者」役に心惹かれるのはわかるが、あなたは正しくありたいのだろうか？　それとも、相手と仲よくしたいのだろうか？

・真の問題に集中しよう

何があなたを批判や「加害者」役に駆り立てるのか、解明する努力をしよう。ゲームにいそしむのではなく、問題に取り組むこと。たとえば、「全然電話をくれないじゃないの。あなたは自分のことばっかり！」と文句を言うのではなく、「今日電話がなくて悲しかった。気にかけてくれてないのかな？　と心配になるんだよね」と言うこともできる。これはあなたを「被害者」にするのではなく、コミュニケーション上手に変えてくれる。

・境界線を引こう

ゲームをしたり他人を批判したりせずに、やりたくないなら断わることを学ぼう。

この章を読んであなたがどう感じたか、今どう感じているかに、私は興味がある。私が初めてこの情報に触れたときのように、自己弁護したくなっただろうか？　それとも、周りの人たちがこしらえたドラマから、抜け出す覚悟ができただろうか？　また、誰かがドラマチックなスポットライトを浴びるきっかけを自分が与えていると気づいて、舞台を降りる気になっただろうか？

あなたがどう答えるかはわからないけれど、読んですぐ内容に賛同できなくても構わない。時間がかかっても構わないのだ。たぶん、**自分の周りで小さなドラマが展開されていることに、気づき始めるのではないだろうか。**

あるいは、すぐには気づかないかもしれないし、すぐに気づいてあの三角形をさっとひっくり返すかもしれない。もしくは、数日かけてすべてを正したあとに、思うかもしれない。「これまで気づかずに『ドラマの三角形』の催眠状態に陥っていたんだから、もう手遅れだ」と。これまで眠っていたとしても、何の問題もない。あなたは人間だ。間違いを犯すことだってある。ドラマはごく普通の現象だし、あなたにはそれを正す時間がある。

Chapter5

# History

# 歴史

第5章

# なぜ人は歴史から学ぼうとしないのか

## ——人間はシナリオに従って生きている

「歴史は決して繰り返さないが、よく韻を踏む」

——マーク・トウェイン

1918〜1920年の間に、スペイン風邪はヨーロッパとアメリカで1700万〜5000万人の命を奪ったとされる。[1] 感染爆発《パンデミック》を終わらせるためには、マスクを着け、スキンシップを避け、感染した場合は隔離しなくてはならなかった。どれもこれも悲しいことに、今の私たちが慣れ親しんだものばかりだ。

各国がスペイン風邪を制圧したスピードは、効果的なマネジメント戦略に関する質の高い情報をどれだけ多く共有できたか、そして、どれだけ迅速に対策を整備できたかと相関関係があった。

第一次世界大戦の勃発で正確な情報や行動の普及が遅れたのは、情報の連鎖が断たれた上に、ほとんどの情報が検閲されたからだ。一部の国は、国内の感染症の実態を共有すると、国を強く見せなくてはならない時期に弱く見せてしまうのではないか、と恐れた。[2] こうした要因から、十分な措置が取られず、しかも遅きに失してしまった。

場面を100年後に早送りすると、生物兵器防衛やその関連研究の専門家たちは、世界はまた別のパンデミックに向かいつつあるのでは、と恐れていた。どんなパンデミックが発生するか、どれほど致命的なものなのか、いつ起こるのかはわからなかった……わかっていたのは、近いうちに起こり得ること、そして、それに備えておく必要があること。それなら、ついに感染爆発したとき、なぜ誰も準備していなかったのだろう？

人類には、パンデミックに関する何世代にもわたる知恵があり、それが役に立ったかもしれないのに。なぜまったく新しいものと戦うかのように、パンデミックを迎えたのだろう？

そこには多くの理由がある。まず、わかりやすい理由を挙げよう。

明確なデータを入手するのがとても難しかったから、その病気の深刻さや毒性を理解していた人がほとんどいなかったこと。多くの国が、隔離やステイホームといった対策を、パンデミックが社会を牛耳り始め、病院が人であふれ返る事態になるまで取らなかったこと。2019年に、各国の危機管理能力を評価する指標、「世界健康安全保障指数（Global Health Security

Index)」で、世界で「最もパンデミックに備えている」国に選ばれた、アメリカでさえも。

**一体なぜ「最も備えている」国が、「やりながら答えを出す」国に変わってしまったのだろう？** 大きな理由の一つは、政権が変わるたびに、さまざまなチームのスタッフも変わることだ。パソコンは入れ替えられ、データも消し去られる。

ジョージ・W・ブッシュ大統領は在任中に「新型インフルエンザ国家戦略（National Strategy for Pandemic Influenza)」を立案し、最悪の事態が起こった場合に活動するチームをつくった。バラク・オバマ大統領はそのチームの一部だけを残し、豚インフルエンザのときに一時的に再結成させた。ドナルド・トランプ大統領はその後、生物兵器防衛のスタッフを全員入れ替え、予算を削減した――そこには、パンデミックの兆しを確認するために設けられた、2億ドルの早期警戒プログラムも含まれていた。

新型コロナウイルス感染症が大流行したとき、歴史の教訓は姿を消していたのだ。

なぜこの章をこの話で始めたのかって？ **この話は、歴史を通して同じパターンが繰り返され、人間が先人たちから、いや、その失敗から必ずしも学んでいない事実――つまり、間違いを繰り返す傾向があること――を完璧に説明しているからだ。** この最終章では、世代を超えて展開されるパターンが原因で生じている行き詰まりについてお話ししていく。

ここまで見てきたように、人生で経験する行き詰まりの大半は、もはや自分のためにならないパターンを繰り返していることに起因している。そして、あなたも見てきたように、繰り返しは人生のあらゆる場面で起こっている。

**その理由の一つは、人間が同じ行動を繰り返すことで時間と労力を節約し、生存のチャンスを最大にするようプログラムされているからだ。そしてもう一つは、人間は自分が知っていることに引き寄せられ、まるでシナリオを読んでいるかのように、最も慣れ親しんだ役を引き受けて行動してしまうからだ。**

では、一体どうすればいつものパターンに陥らず、役に立たないシナリオを手放せるのだろう？　まずは、身近なところに目を向けることから始める必要がありそうだ。

## 家族のシナリオ

シナリオに従う気持ち、それは、先駆的な精神科医ジョン・ビン・ホールが、研究の大半で重視していたものだ。彼は「**家族のシナリオ**」という考え方を提唱していた。「**家族のシナリオ**」とは、**人格形成期に、私たちが身近な人たちの中に見出す行動パターン**のことだ。

こうしたシナリオは、あらゆる場面に見られる。たとえば、食事の時間はどうあるべきか（誰がどこに座り、どんなマナーを守るか）、他人をどう扱うか（人間関係にどれくらい労力を費やすか、境界線を設けるか）、ある年齢ではどうふるまうべきか（どんな服装をし、何をするべきか）、重要な問題にどう立ち向かうか（対立にどう対処すべきか）などである。

ビン・ホールは、人は三つの主要なシナリオに従う傾向がある、と考えていた：

- 複製のシナリオ：家族から学ぶ行動パターンや思い込み。
- 即興のシナリオ：新しい領域に足を踏み入れて適応しなくてはならないときに生じる、まったく新しい行動パターン。たとえば、科学技術が進歩して、世界と関わる新しい方法を学ばなくてはならなくなったら？　あるいは、かつて経験したことがないパンデミックのような状況に遭遇したら？　など。
- 修正のシナリオ：「教わった行動と違う行動を取る」と意識的に決めたときの行動パターン。「修正のシナリオ」を書くのはたいてい、目にした行動が気に入らなくて、学んだシナリオの欠点に対処したくなったときだ。

私たちが抱えているシナリオの多くは、前の世代のシナリオが融合されたものだ。そうしたシナリオは、血統や親密なつながりや家族の話、さらには音楽やレシピや宗教や教訓や神話といった伝統を通して受け継がれてきた。誰もがシナリオという遺産の担い手として、受け継いだシナリオを演じ、自らもまた世代を超えて同じ行動を繰り返すサイクルを、新たに生み出している。

シナリオは私たちという生地に縫い込まれているから、思いも寄らない場面で飛び出すことがある。ただし、以前とまったく同じ形で繰り返されるとは限らないので、それとは気づかない場合もある。たとえば、あなたの体調が悪いときに家族がある食べ物をつくってくれていたなら（私の場合はいつだって、半熟卵に細長く切ったトーストを浸して食べる「エッグ＆ソルジャーズ」だった。ありがとう、ママ！）、困っている誰かに助けを求められたら、なぜか台所に向かっている自分に気づくかもしれない。あるいは、家族の誰かが過去に不倫をしたせいで、まじめに恋愛する気にならないかもしれない。

マーク・トウェインは「歴史は決して繰り返さないが、よく韻を踏む」と言ったが、まさにその通りだ。**なじみがある――そんな理由で、人はついそうしてしまうのだ。**

第5章 歴史

## あなたが持続させているシナリオ

子どもの頃に目にした行動や思い込みを複製しているかもしれない、あなたの行動を五つ（もしくは、それ以上！）挙げよう

「付録4」の欄1（複製のシナリオ）に、答えを記入してほしい。よくわからない場合は、手始めに、人間関係、思いやりの示し方、健康、仕事、お金、といったそれぞれの分野のパターンに目を向けると、取り組みやすいだろう。

## 世代を超えたトラウマ

古いシナリオの乗り越え方や書き換え方に目を向ける前に、もう一つ話しておきたいことがある。**世代を超えたトラウマは（それによって誰かの苦しみが、直接体験していない人間に影響を及ぼし続ける場合があるのだが）、研究や医学の分野では、深く理解されつつある。**「トラウマは血統によって受け継がれる」という考え方が最初に検討されたのは、カナダの診療所でホロコーストの生存者の孫たちが、鬱病やPTSDの症状を抱える割合がとくに高いことが認められ

たときだ。[3] その後、ほかの国々の診療所も、大量虐殺や戦争を生き延びた人の子どもたちに、同じ症状が見られることに気づき始めた。

トラウマとは、人間が対処能力を上回る出来事によって、突然容赦なく安全を奪われたときに、体内で起こる反応のことだ。二人の人間が同じ出来事を経験しても、一方だけにトラウマ反応が現れることがある。出来事は同じでも、出来事に対する身体の反応の仕方が人によって違うからだ。

トラウマは、二つのメカニズムによって次世代に受け継がれる可能性がある。**赤ん坊の世話をする人がトラウマを抱えていたら、世話の仕方に影響が出るだろう。**その人が人づき合いを断《た》っている（心理的に周囲から距離を置いている）場合、子どもに「世の中はあなたがすくすく成長できる安全な場所だ」と伝えることはできないだろう。本人がそう感じていないからだ。そうなると、子どもの神経系は、不安への対処法を知らないまま、厳戒態勢を取るようになる。あるいは、**世話をする人が苦しみを紛らわせたり抑えたりしようとアルコールに頼っていると、子どもはそれが激しい感情に対処する方法だと学んでしまう。**そうして、これが新しい常識《ニューノーマル》となって、また次世代に受け継がれる可能性がある。

世代を超えてトラウマを伝えるもう一つのルートは、後成遺伝学《エピジェネティクス》にある。エピジェネティクスとは、環境が遺伝子の発現［訳注：遺伝子が持つ遺伝情報が具体的に現れること］とどのように影響し合っているのかを研究する学問だ。

トラウマは、体内の遺伝子の発現の仕方を変える可能性がある。妊娠中にトラウマが解消されていなかったり新たに発生したりすると、そうした遺伝子の変化が子どもに伝わることがある。**世代を超えたトラウマとは、子どもがストレスに備えた状態で生まれてくるという意味だ。**

進化の観点から見れば、それは先天的なスーパーパワーと言えるかもしれない。その子たちは生まれる前から危険に対する備えができているのだから。

人間が生き残りをかけて戦っていた数千年前なら、それは「新しい世代は危険に対してとびぬけて敏感だ」という意味を持ち、その過剰な警戒心は生き残りに役立っていただろう。でも、研究によると、今日《こんにち》では、世代を超えたトラウマは、認知の役に立つというより、鬱病やPTSDといった行動的・社会的な問題の原因となりかねない。[4]

重要なのは、**こうした後成的な変化は、子どもがトラウマを抱えていない人に育てられても続くことだ。**

この話をしたかったのは、子どもがメンタルヘルスに問題を抱えたとき、養父母が「うまく育てられなかった」と悩むケースが少なくないからだ。そんなとき、「子育てに失敗しているのではなく、世代を超えたトラウマが現れているから、メンタルヘルスの専門家の助けを借りる必要がある」と知れば役に立つだろう。

家族に世代を超えたトラウマがある、と感じている人は、マーク・ウォリンの著書『心の傷は遺伝する』（河出書房新社）を読むことをお勧めしたい。また、鬱病やＰＴＳＤなど心の問題を抱えていて、それが悩みや生活の質《クオリティ・オブ・ライフ》の低下につながっているなら、その経験を解き明かす方法を知っているプロの助けを求めてほしい。

**耳寄りな話：**世代を超えたトラウマを、私たちの世代で終わらせることはできる。それを明らかにし、対処する時間を取りさえすれば。それに、祖先から受け継ぐのがトラウマだけではない、と知れば安心するだろう。立ち直る力《レジリエンス》もしっかり受け継いでいる。

## ▼▼脱出のヒント㉗

- 私たちが行き詰まっている理由の一つは、何世代も前に始まったパターンを繰り返しているからだ。
- そうしたパターンを環境から学ぶ場合もあれば、ＤＮＡを通して受け継ぐ場合もある。

## シナリオをひっくり返す

### ――「修正のシナリオ」

調子はどうですか？　この章はちょっぴり重い。わかる。そろそろもう一度お伝えしたほうがよさそうだ。

**過去がすべてを決めるわけではない。家族がすべてを決めるわけではないし、本人の思い込みがすべてを決めるわけでもない。多くのことは自然に起こるのだ。**

どうか「過去が今後の自分を決める」とか、「育ててくれた人がトラウマを抱えていたから自分もそうなる」とか、「不本意なことをされたせいで、私は運命にあらがえない」などと思い込まないでほしい。

ここまで読んで、「心理学は動かしがたい事実ではなく、もっと複雑で微妙なものだ」と理解してくれることを願っている。あなたはいや応なく氷山に向かうタイタニック号とは違うのだ。もしかしたらあなたは「厄介なDNAもシナリオも受け継いでいないから、氷山と向き合うことはない」と考えているかもしれない。けれど、たとえ受け継いでいても、船の向きを変える時間はたっぷりある。

**あなたを「今後なりたい自分」から引き離す、世代を超えたパターンを打ち破る第一歩は、過去から学ぶことだ。パターンを探して、最終的に違う行動を取る、と決めればいいのだ。**これが、ジョン・ビン・ホールが「修正のシナリオ」と呼んでいたものだ。

たとえば、子どもの頃はテレビを観ることや面白いことをすることを禁じられていたかもしれないが、今は大人だから「思いきり楽しんでいいよ」と自分に許可を与えられる。あるいは、家族が隠しごとをしていたから、今のあなたは透明性を重視しているかもしれない。

**教わったことと違うやり方をする、と決めたときはいつも、シナリオを修正しているのだ。**

## 変化を理解してもらうには時間がかかる

一つ覚えておいてほしいのは、いつもと違うことをすると、抵抗に出くわす可能性があること。たとえば、あなたの新しい考えがうまくいかない理由で完全武装した家族に、撃墜《げきつい》されるかもしれない。あるいは、いつもけんかをふっかけてくる人物の挑発に乗らない、と決めたものの、相手を止められるどころか、さらに煽る結果になるかもしれない。

**抵抗はさまざまな理由で起こるが、親密につき合っている人たち——友達、家族、同僚——**

**は、たいてい変化をよしとしない。誰もがおなじみのパターンをなぞっていれば、安心できるからだ。**

そんなことをしている自覚がある人はほとんどいないが、それが日常的に起こっているのを私は目にしている。

前の章に出てきたチャーリーとマックスを覚えているだろうか？　チャーリーがマックスに電話して、うろたえる息子の声を聞いたとき、どれほどあっさりと「救済者」役に引き戻されていたかを。普段と違う行動を取る、と決めたときは、必ず抵抗に遭うだろう。

他人が自分の行動に影響された瞬間に、「パターンを変える」という決断は複雑なものになる。もちろん変化は不可能ではないけれど、周りの人たちが変化に適応して、それをよいものだ、と認め始めるまでには、予想以上に時間がかかることもある。

## ▼脱出のヒント㉘

**・あなたが行動を変えると、ほかの人たちが抵抗を示すかもしれない。これに対処する選択肢の一つは、あなたがゆっくりと――一歩ずつ――変わっていくことだ。もう一つの選択肢**

**は、時間と共にみんなが慣れてくれると心得て、決めたことを根気よく続けていくこと。**

## いつシナリオから離れたのかに気づく

・子ども時代にしつけられたこととは関係なく、あなたがしていることを五つ挙げよう

それらを**「付録4」の欄2（即興のシナリオ）に記入しよう。**そして、この「即興のシナリオ」のどれを変えたいのかを明らかにし、変えたいシナリオに丸をつけよう。

・子どもの頃に目にしたこととは大きく異なる、あなたがしていることを五つ挙げよう

それらを「付録4」の欄3（修正のシナリオ）に記入しよう。

・子どもの頃に目にした、あなたが嫌いな行動／思い込みを五つ挙げよう

自分に尋ねよう：「そのうちのどれかを、自分もしたことがあるか？」「それはなぜか？」。それらを「付録4」の欄1（複製のシナリオ）に記入しよう。

**そうした行動を意図的に避けてきた自覚があるなら、その代わりにしてきたことを「付録4」の欄3（修正のシナリオ）に書き加えよう。**

よくわからない場合は、手始めに、人間関係、思いやりの示し方、健康、仕事、お金、といったそれぞれの分野のパターンに目を向けると、取り組みやすいだろう。

・あなたが嫌いなシナリオを一つ一つ調べよう。そのシナリオを始めたのは誰か？

あなたよりも前の世代の誰かだろうか？　その人も、それをどこかで学んできたのか？その人はそれが正しいと思っていたから、そうしていたのだろうか？　それとも、シナリオ通りに行動している自覚がないから、そうしていた？

**このワークをすると、自分が繰り返しているどんな行動に対しても、恥ずかしさではなく思いやりがわいてくるだろう。**その行動がどこで始まったかわからない場合は、家族やコミュニティの上の世代を知っていそうな人に尋ねてみよう。

・あなたが嫌いなそれぞれの行動に代わる「修正のシナリオ」を書き出そう

このワークにあまり時間をかけないこと。「修正のシナリオ」には、のちほどさらに詳しく取り組むつもりだから。

# シナリオに過度な修正をする

## ——20世紀前半「米・禁酒法」の教訓

**過度な修正が起こるのはたいてい、嫌いなシナリオをひっくり返す際に、極端に走りすぎた場合だ。**

シナリオに過度な修正をした大規模な事例は、20世紀初頭のアメリカで見つかる。1901年、禁酒運動の活動家だったキャリー・ネイションは「神が夢枕に立たれて、酒場をたたき壊せ、とおっしゃった」と語り、そのお告げを聞き入れた。

石を新聞紙で包《くる》んで、酒場の窓という窓に投げつけ、店内のグラスにも投げ込んだ。五つの酒場を破壊したあと、キャリーは武器を手斧《ハチェット》に格上げした。キャリー・ネイションの「手斧による破壊《ハチェテーション》」は多くの酒場をぶっ壊し、キャリーの悪名を全米にとどろかせた。彼女は30回も逮捕されたが、全米を回って、禁酒と禁酒法の必要性を説いて人々の関心を高めた。

キャリー・ネイションは禁酒運動の象徴《アイコン》となり、「Carrie A. Nation《キャリー・ア・ネイション》（国を推進する）」とあだ名された。彼女は「アルコールは不道徳を生む」という宗教的な信念だけに突き動かされていたわけではない。当時のアメリカに巣くう現実的な問題――家庭内暴力、アルコール絡みの犯罪、健康状態の急速な悪化――に背中を押されたのだ。

キャリーはそれらをじかに体験していた。夫がよくお酒を飲み、過度の飲酒で肺炎をこじらせて亡くなったのだ。彼女は禁酒法制定のために強硬な手段を取ったかもしれないが、本人は「人殺しの店」（酒場をそう呼んでいた）から男たちを守っているつもりだった。

## 振り子のように、元に戻る……

禁酒法は1920年についに施行され、アルコールの製造、輸送、販売が禁止された。法律は、最初はうまくいった。飲酒する人の数が一気に減少したのだ。

正確な数字を把握することはできないけど、当時記録された飲酒による逮捕者数、アルコール精神病による入院者数、肝硬変やアルコール依存症による死者数を見ると、飲酒率は禁酒法施行前の約3分の1に減少していたことがわかる。[5]

ところがやがて、文化や経済が繁栄した「狂騒の20年代」が本格化すると、飲酒率も禁酒法以前の60～70パーセントまで戻ってしまった。それでも以前よりは改善されていたけれど、新しい問題が浮上し始めた。アルコールが管理されなくなり、誰でもつくれるようになると、何としてでもつくろうとする人たちも現れ、危険を伴う、最悪の場合は命に関わるような代物になってしまった。闇市場やギャングがにわかに景気づき、人々はビールやワインのようなバレやすいものを避けて、より強力で透明な蒸留酒を飲むようになった。

禁酒法は、1933年にほとんどの州で廃止された（ミシシッピ州では1966年まで続いたが）。人々はまた酒類の販売許可を得たバーで飲めるようになり、アルコールは管理され、課税の対象になった。

これは歴史書から入手した、シナリオを過度に修正した事例だけれど、日常生活でもこういう事例をよく見かける。**シナリオをひっくり返すと決めて、よかれと思ってしたことが、しばらくはうまくいくのだが、さらに深刻な新しい問題を生み出してしまうのだ。**

そうしたら、何が起こると思う？　結局、サイクルから抜け出せなくなる。ある世代が目盛りを動かしても、次の世代が振り子の揺れのように、また目盛りを戻してしまうのだ。

好況と不況は、ほとんどの人がよく知っているパターンの一つだ。足首を捻挫《ねんざ》して休み、その後調子がよくなったからとまた頑張り、無駄にした時間を取り戻そうとするが、翌日にはほとんど動けなくなる——そんな感じだ。

## 家族のシナリオをひっくり返したライザの挑戦

### 助けて！　抜け出せない

「パニック発作を起こすようになって、恥ずかしくてたまらない。こんなに弱いなんて、自分に腹が立って仕方がないの。いつだってうまくやり遂げてきたのに――少なくとも以前は。うちの家族は、絶対に呪われてる。精神不安定がＤＮＡに刻み込まれているのよ。私は強い人間だと思っていたのに、今やパニックを起こしているし、子どもたちも苦しんでる。私はこれをママから受け継いで、子どもたちに伝えようとしている。一体どうすればいいの？」

――ライザ（38歳）

ライザは一人親家庭で育ち、本人の記憶によると、母親はしょっちゅう大泣きしていた。母親が苦しんでいるから、ライザと弟は自分で自分の面倒を見るほかなかったし、母親を泣き止ませたり、苦しみをやわらげたりするのに何時間も費やしていた。母親は、わざと一貫して育児放棄《ネグレクト》をしていたわけではない。たいていは、役目を果たしてくれた。ただ、母親がいつわっと泣き崩れてライザに助けを求めてくるか、まったく読めないのだった。

こうした経験から、ライザはかなり幼い頃に心に決めた。「**絶対に感情に負けたりしない。そうすれば、ママみたいに苦しまなくてすむから**」。また、「**絶対に自分の気持ちを誰かに話したりしない**」とも誓った。そうすれば誰も、自分や弟みたいにそれに対処しなくてすむからだ。

ライザは家族のシナリオをひっくり返すと決めて、それはうまくいった。学校では一生懸命勉強したし、結婚もして、子どもたちも生まれた。子どもたちはライザが苦しむ様子を一度も見たことがなかったし、母親を支える必要もなかった。ライザは「すべてをうまくやりこなす」完璧な母親で、何もかも上手にかじ取りしていた。パニック発作を起こし始めるまでは。

今はパニック発作を抱え、子どもたちも苦しんでいるから、この問題はDNAに刻まれている、とライザは思い込んでいる。家族は、感情をまったく見せない日もあれば、爆発してしまう日もあって、大揺れに揺れているという。爆発したあとはたいてい取り乱したことが恥ずかしくなって、「ごめんね」と謝ることになった。

「ママの精神状態がちょうどこんな感じだから、遺伝に違いないわ」とライザは言った。そう結論づけるのも無理はないけれど、セラピーを続けるうちに、ライザも私も、何か別の問題が起こっているのではないか、と思い始めた。

第5章 歴史

ライザは、「私の感情の責任をほかの人に押しつけるのは絶対にイヤだ」と思っていたけど、そのせいで今、感情に押しつぶされそうになっている。パニック発作が始まったのは、ライザが燃え尽きて、どんどん疲れていく心に対処するすべがなかったからだ。

ライザは子どもたちの前では感情を必死で隠していたから、子どもたちも、感情とは何なのか、感情がわき上がってきたらどう対処すればいいのかを学んでいなかった。そしてどうやら子どもたちも、「感情を表に出すのは弱虫の印だ」と学んでしまったようだ。つまり、**強烈な感情がわいても、対応する準備ができていない**のだ。

だから、瞬く間に圧倒されて、「感情に負けてしまった」と恥ずかしく思っていた。DNAを完全に無視するわけではないけれど、ライザの子どもたちには、シナリオを過度に修正したときによく起こる悪影響が出ているだけ、のように見える。

ライザはよかれと思って、凍った道で車がスリップしたときに逆方向にハンドルを切るドライバーみたいに、事態をどんどん悪化させている。幸い、まだ修正は可能だった。パニック発作に対処したあとに、ライザは自分のどのシナリオが助けになり、どのシナリオが新しい問題を引き起こしているのか、把握する必要があった。それから、今の状況を引き起こしている「修正のシナリオ」を書き直す必要があった。

まず、**過度に修正してしまったシナリオ――「感情は悪いものだから、避けなくてはならない」――を特定し、家族と分かち合いたい新しい言葉を書いた。「感情は必ずわいてくる。感情は役に立つこともあるし、何より重要なことに、うまく管理することができる」と。**

新しい信念を紙に書いて、理屈の上で信じるのはそう難しくない。でも、それを心にしっかり刻み込むのには、やや骨が折れる。だから、**二つ目のステップは、ライザの言葉を試すことだった。**家族みんなが、それを心から信じられるように。

そういうわけで、家族でセラピーを受ける機会を設けた。一人一人が感情について知っていること、感情について恐れていることを話し、わからないことを質問できる場をつくったのだ。そして、感情や不安についての形式張らない短い教育セッションを、子どもたち向けに行うことにした。

ママがガイド役を務めてくれたので、子どもたちにも、ママが新しい考え方を心から信じていることが伝わった。家では、定期的に「悲しい」「寂しい」などと感情に名前をつける練習をし、家族で毎日5分間、瞑想の練習も始めた。

**ライザは苦しくなるたびに、心を閉ざすのではなく、家族に自分の気持ちを伝えて、その気持ちにどう対処するつもりかを話すようにした。**

たとえば、こんな単純な言葉で表現するのだ。「今日はストレスがたまったわ。お風呂に入ってリラックスするね」「もうすぐお医者さんの診察があるから、ちょっと緊張してる。でも、パパと話したり、運動したりしてストレスを解消するつもりだから、きっと大丈夫」。こうして練習を始めてから3ヵ月後、家族ぐるみの友人が亡くなった。

ライザは、思いきって家族の前で泣いた。子どもたちはライザを抱きしめ、夫は紅茶を淹れてくれた。彼女はすぐに気持ちがラクになって、しみじみ感じた。自分の涙や苦しみでみんなを溺れさせなくても、気持ちを分かち合う方法はあるんだ、と。こうして一緒に行った一つ一つの取り組みが、家族みんなに証明してくれた。感情は怖いものではないし、本当にうまく管理できるものなのだ、と。

ちなみに：あなたが自分の感情と闘っていて、感情とどう関わり、どう管理すればいいのかわからない場合は、そんなすべてを『A Manual for Being Human』という本に記したので、ぜひ参考にしてほしい。

## ▼脱出のヒント㉙

**・古いパターンを過度に修正すると、新しい問題を生み出すことがある。しかも、あなたがど**

うしても避けたかったそのシナリオを、結局、次の世代がまた繰り返すことになるかもしれない。

・過度な修正は、人生のあらゆる場面で起こり得る。たとえば、習慣やヒューリスティックスを変えたいとき、人は「もう二度と○○しない」と口にする。でも、自分自身への期待を高く設定しすぎると、失敗するだろう。あなたも新しい習慣やヒューリスティックスの計画で、これをやっていると気づいたら、今からでも遅くないから、もう一度計画に立ち戻って、もう少しさりげない変化を心がけよう。

## 過度な修正をしてしまった？

・自分に尋ねよう：子どもの頃に見た、誰かのような行動は取らない、と意識的に決断したときのことを覚えている？　覚えているなら、そうして「修正のシナリオ」を求めたせいで、新たな問題が生じていないだろうか？　あるいは、「修正のシナリオ」のせいで、ライザのように、元の問題がまたぶり返す事態になっていない？

めちゃくちゃな状態で暮らしている人たちを見て、「人生の手綱を常にきちんと握っていよう」と決意したものの、その決意のせいで、自分の手に負えないことが起こると、とてつもない不安に襲われていないだろうか？　子どもの頃に見た人間関係が原因で、「絶対に他人に邪険に扱われたりしない」と心に誓ったものの、冷たくてよそよそしい態度のせいで、友達がほとんどいなかったりしない？

- 「付録4」に戻って、新たに作成した「修正のシナリオ」のリストを見て、計画が極端すぎないか、もう少しさりげない変化が必要なのではないか、検討してみよう

中道——ちょうどよいシナリオ——とはどういうものか、もう少し情報が必要なら、のちほどさらに事例を紹介したいと思う。

# 「だから言ったじゃないの」

## ――「バランスの取れた中道」の必要性

**「過度な修正」をすると、新たな問題を生み出すリスクが生じるだけではない。あなたに賛同していない人たちに、彼らが正しかった証拠を与えることにもなりかねない。**

ライザのパニック発作が始まったとき、彼女の母親は言った。「ほらね、感情を受け入れないと、感情に圧倒されるのよ。だから言ったじゃないの」。こういう場面をしょっちゅう見かける。

ある人が「うちの親のような厳しい親にはならない」と決めて、境界線を設けずにわが子を自由にさせたなら、その人の厳格な親は、したり顔で言うだろう。「お前の子どもたちは手に負えないな」。

もう少し規模を広げよう。10代の妊娠を懸念している政府は、学校で性の話を避けるか、若者に「セックスは悪いものだ」とじかに教えることで、この問題に対処しようとする。そして、「10代の子が暴力的なポルノを観ている」というニュースが流れると、件《くだん》の政府の担当者は思う。「やっぱりな。若者が性について学べるわけがないんだ。彼らには自制心ってものがないから」。こういう人たちがわかっていないのは、事実に基づく情報を教えなければ、ティーンエイジャーは別の方法で情報にアクセスしてしまうこと。

**過度な修正の影響は、「だから言ったじゃないの」どころでは終わらない。次世代が、修正の行動が失敗に終わるところしか見ておらず、前向きな行動を取るすべを知らなかったら、社会は困った状態に陥る。誰もが身がすくんで動けなくなるからだ。**

禁酒法に関して言えば、公共政策研究の名誉教授で『Paying the Tab: The Costs and Benefits of Alcohol Control（未邦訳：勘定を払う：アルコール規制の費用と効果）』の著者であるフィリップ・J・クックは、「過度な修正が国を立ち往生させた」と考えている。連邦政府が「禁酒法は完全な失敗だった」と確信するあまり、（たとえば、酒税を上げるなどの）対策を講じても、より安全な飲酒の文化をつくることはできない、と考えているからだ。その結果、アメリカでは年間9万5000人もがアルコールで死亡しているのに、それに対する現実的な対策はまったく取られていない。

飲み会への対応策は私にもわからないが、人生や世の中に現実的な変化をもたらすためには、極端な行動に走るのではなく、別の選択をする必要があることはわかる。**バランスの取れ**

**た中道を行く必要があるのだ。**

たとえば、厳しすぎる態度がよくないからと、子どもたちを好き放題させるのではなく、自由を与え、思いやりを示しつつ、境界線を教える方法を見つけなくてはならない。あるいは、性教育をまったくしないのはいけないからと、若者にポルノや性的に露骨な情報を好きなだけ与えるのではなく、正しい選択ができるよう、年齢に見合った方法で、事実に基づく情報を与える必要がある。

ボストン公共衛生委員会（Boston Public Health Commission）の最近の研究によると、10代の若者にポルノや性的合意、健全な境界線について直接話をすると、若者はじっくり考えて、暴力を防ぐ手立てを思いつき、安全に過ごせるようになる。[6] つまり、必ず方法はあるのだ。たとえ、ないように見えるときでも。

## さりげない変化を求める

・「付録4」のあなたが書いたシナリオのリストに戻って、欄5と欄6に記入しよう

あなたが作成した「修正のシナリオ」の中から、元のシナリオと正反対だと思われるも

のを見つけて、もう少しさりげない修正のシナリオを書こう。これまで管理しすぎだったなら、新しいシナリオを書くときは、こう考えるといいかもしれない。

「めちゃくちゃなのはイヤだけど、管理しすぎても不安な気持ちになる。自分にできることに責任を持つ練習はしていくつもりだけど、今後不安を解消してうまくやっていくための対処法はほかにもあるはずだ」

あるいは、これまでみんなを遠ざけてきたなら、こう考えるといいかもしれない。

「健全な人間関係もある。相手を受け入れて、利用されないように境界線を引くことはできる」

欄5に、あなたの答えを書こう。

次に、そのシナリオを試すために何をするのかを決めよう。ライザと家族のように、新しいスキルを学ぶ必要がある？ それとも、思いきって、他人の前でするのが怖い行動を取ってみる？ このプロセスを始めるために、あなたは今日何をする？ 欄6に答えを書こう。

## 脱出のヒント30

・次世代が役に立たない元のシナリオに戻らないよう、さりげない新しいアプローチを取る必要がある。

・解決策は、さりげない、ちょうどよい道を見つけることだ。

# 言葉にできない行き詰まりは何？

## ――ニュースから距離を置く勇気

▼助けて！　抜け出せない

「将来が不安で仕方ありません。世の中は悪いほうに向かっているような気がします。気候変動、偏見、戦争――何もかもがどんどん悪くなっているようで、どうすればいいのかわからないんです」

――ジョン、エイミー、ジネル、ベン、マヨワ、ヘルガ……こんな発言を繰り返す患者、友達、家族、私とオンラインでつながっている人たちのリストは、際限なく続く

私はこうした不安の声がますます強くなるのを、クリニックで耳にしている。つらいのは、

気候変動科学者、人種差別・性差別に取り組む教育者、不平等を懸念している経済学者、その他多くの分野の多くの専門家たちの素晴らしい研究が、どうすればそれぞれの問題に終止符を打てるのかを説明していても、私たちがあまり進歩していないように見えることだ。私たちは、みんな行き詰まっている。

多くの人は信じている。**この行き詰まりは、目の前の問題について自らを教育し、何を変える必要があるのかを学んでいる人が少ないから**だ、と。それはある意味、当たっている。

気候危機や人種差別の存在を否定し、自分に何ができるのか、真の変化を起こすために誰に働きかける必要があるのかについて書かれたものを何一つ読んでいなければ、問題を克服するすべはない。私も、問題についてただ「学んでもらう」必要があるだけ――そう信じて、前回の本の丸々1章を費やして、社会の不公正がメンタルヘルスに及ぼす影響や、どんな行動を取ることができるのかを書いた。社会の不公正の影響と闘うだけでなく、そもそも不公正が生じないようにするために。

あの章を執筆し、日々の生活の中でも、社会の問題を変えようとしている人たちと話し合った結果、わかったことがある。それは、教育し、関心を高めるだけでは不十分だ、ということ。

このパズルから最もわかりやすく欠けているピースは、**問題についての極めて深い知識を持つ人たちが、毎日出くわすニュースに打ちのめされ、疲弊していることだ。**それが白けた態度につながり、真の変化を起こすのに必要な行動を取れなくしている。

だから**今、コミュニティへの参加を呼びかける動きが出ている**のだ。自分にとって重要な問題の解決にすでに取り組んでいる人たちのコミュニティに参加すれば、希望を分かち合えるだけでなく、ニュースをむやみに取り込まなくなるので、悪いニュースを消費しすぎて打ちのめされたり斜に構えたりすることもなくなる。そうすれば、好ましい変化を起こすことにエネルギーを使えるようになる。

また、**何かがかつてないほど悪化している気がするのは、ニュースに触れる機会が増えているからだ、と覚えておくことも重要だ。**24時間体制でニュースが届かなかった時代にも、悲惨で暴力的な事件は起きていたけれど、誰も知らなかっただけだ。データによると、今の世の中は（意外なことに）大多数の人にとって、実はかつてないほど安全なのだ。これも覚えておくと役に立つだろう。

だからといって、現実から目を背《そむ》けろ、と言っているわけではない。**燃え尽きてしまわないよう、ひっきりなしに流れてくるニュースと距離を置く必要がある、**と言いたいのだ。

同じくこのパズルから欠けているやや目立たないピースは、受け入れがたい形をしている。私はこの本のリサーチをし、世界の住人として一体どうやって現状から抜け出せばいいのかを考えているとき、それを受け入れざるを得なかった。この章の冒頭で話したように、**私たちが**

**社会として今の行き詰まりを克服したいなら、歴史から学ぶ必要があるのだ。**そうすれば、同じ間違いを繰り返さずにすむ。

## 歴史からの教訓

### 1.「極端な二極化」は効果的な行動を妨げることが多く、最も極端な場合、民主主義を終わらせてしまう。

重要な社会問題を克服するためには、みんなが一丸となって取り組まなくてはならない。全世界の「有害な二極化の事例」を調べた研究によると、1950年代以降、深刻な政治的二極化の事例は52件あり、そのちょうど半数で、国の民主主義ランキングが大幅に低下していた。[*7]「行き詰まっている」という感覚は、「自分の国が独裁国家になってしまう」という不安ほど大きいものではないかもしれないが、歴史から教訓を学ばなくてはならないのは明らかだ。歴史は、「トラブルは極端な二極化から生まれる」と教えている。

＊研究では、有害な二極化と民主主義ランキングの低下には相関関係が認められた。間違いなく因果関係があるとまでは言えないが、つながりがあるとは言える。

**今日の世界では、とくに重要なテーマについて意見が二極化しており、会話がなされていない。**誰もが意見を持ち、境界線を引くのは重要なことだけれど、同じ意見を持たない人たちとまったく会話ができない事態に陥ると、見解の相違は広がるばかりだ。**意見が極端に二極化すると、結局「個人攻撃」の議論に陥る。**現実の問題に取り組むのではなく、まるでその人が問題であるかのように個人をたたくのだ。相手を悪役に仕立てて、建設的な議論をするのではなく、「正しくあること」にますますこだわるようになる。

また、「論点のすり替え」も起こりがちで、相手が言おうとしていることを勝手に憶測し、相手が言ったことではなく、自分が聞いたつもりのことで攻撃したりする。きっと誰もが、こんな行動を取ったことがあるはずだ。

意見が合わない人を（ほんのささいな違いでさえも）漏れなくはねのけていたら、真の変化につながる会話のチャンスは失われる。ある意見を持つ人たちに勝手な憶測を立てていたら、相手に間違ったレッテルを貼ることになる。そんなことをしていたら、学ぶ意欲を持ち、味方になってくれるかもしれない人たちを遠ざけてしまう恐れもある。**意見が違うからといって誰かを悪者にして攻撃すると、相手も意見に歩み寄ってくれるどころか離れていくだけ。恥をかかせても、相手の考えを変えることはできない。**

極端な二極化が起こると、人は多くの集団に分かれてしまい、互いに助け合うことができなくなる。英国のコメディグループ、モンティ・パイソンの映画『ライフ・オブ・ブライアン』には、「ユダヤ人人民戦線」と「ユダヤの人民戦線」という組織が登場するが、どちらもユダヤのために闘っている。どちらのグループもローマ人が嫌いで、ユダヤの人たちを助けたいと思っているのに、個人的なあつれきから、互いに憎み合っている。団結するのではなく分裂することで、どちらのグループも弱体化する一方だ。映画で観ると笑えるけれど、現実の世界では、深刻な問題につながる。

## 2. 極端な二極化は、「私たち」と「彼ら」という分裂を生む。

研究によると、共感が生まれるのは、他人と共通点がある、とわかったときだ。**極端に二極化し、「私たち」と「彼ら」という集団に分かれてしまうと、「ドラマの三角形」に陥って、集団の外にいる誰かを救おうとしたり悪者扱いしたり、最悪の場合、自分と違うと感じる相手を人間扱いしなくなったりする。**歴史を通して、違うと認識された人たちが残虐行為の被害に遭った事例は数えきれないほどある。

人間は、仲間だと見なした人たちに対しては、最高レベルの共感を示す生き物だ。こうした関係が強固な場合、集団の外にいる人たちに対する共感は減る。これほど二極化した世界で暮らしていなければ、それは大した問題にはならないだろう。**二極化した世界では、自分の信念に強くしがみつくあまり、それに反対する人たちはみんな「外集団」だと考える。**だから、二極化した物の見方は、自分に全面的に賛同しない人たちを人間扱いしないことにつながるのだ。

**ほんの2〜3分、ソーシャルメディアをのぞけば、そうした現象を目にするだろう。**新型コロナのワクチンで迷っていたローズの事例で話したように、誰かが小さなミスをしたり、みんなの考えに疑問を投げかけたりすると、オンラインでも実生活でも、果てしない嫌がらせの的になりかねない。自分と違う意見を持っているとわかると、「バカだ」「世間知らずだ」「危険だ」と見なしてしまう。ちょっとした違いを認められず、亀裂をさらに広げてしまうのだ。

**3. ある集団がひどい無力感を覚えたり、不安を抱いたりすると、フェイクニュースを信じたり、自分たちのためにならない決断をしたり、過激なリーダーに従ったりしやすくなる。**

歴史を通して、罪や恥をめぐる罪悪感から逃れるために、スケープゴートが利用されてきた。英国のEU離脱《ブレグジット》の準備段階では、英国国民保険サービス（NHS）受診の順番待ちや、仕事がないこと、交通渋滞の原因として、移民が責められていた。まさにスケープゴートだ。**国の状態のせいで無力感や怒りを募らせていた人たちは、スケープゴートやフェイクニュースといった餌に飛びつきやすい状態だった。**

その上、人はある集団を恐れると、その集団の人数を実際より多く見積もりやすくなるし、その人たちがあらゆる場所にいると思い込みやすくなる。[8] **これは「誇張バイアス」が原因だ。**「誇張バイアス」も、ヒューリスティックスや先入観の例に漏れず、祖先の安全を守ってくれていた（敵の脅威を過大評価することによって）。ただし、現代人の場合は、気をつけないと、メディアが報じる差別的なウソの物語にだまされやすくなる。

先ほどの話に戻ると、多くの人がEU離脱支持者を「人種差別主義者で、偏見まみれで、頭が悪い」と言っていた。でも、そんなに単純な話ではない。

怒った集団が結集のためにスケープゴートを必要としていた、とか、おびえた集団が「四方八方から攻め込まれる」と信じ込んでいた、とか、そういう単純な話でもない。たとえば、ブレグジット・キャンペーンのある部門は、水産業を標的にし、「ヨーロッパから離脱すれば、漁獲量が何十万トンも増える」と主張していた。これは真実ではないと判明したが、EU離脱に票を投じた多くの人が受け入れた、説得力のある話だった。
**今も極端な二極化のせいで、フェイクニュースや憎しみを煽る派閥争いに影響されやすい状態にある。**過激派のグループが勢力を伸ばす様子も、日々目にしている。単純すぎる説明をするなら、性差別や人種差別をはじめ、偏見を持つ人たちがかつてないほど増えているのだ。よりバランスの取れた見方をするなら、それは事実かもしれないが、同時に、無力感や怒りを覚えて、フェイクニュースに影響されてしまう人が増えているのも事実なのだ。

たとえば、「インセル」と呼ばれる、自分が女性と関係を持てないのは女性のせいだと考える男性たちの背景を説明するなら、孤独感を抱え、「のけ者扱いされた」と感じている男性たちが「被害者」役を演じ（つまり、「怒る以外の選択肢はない」と思い込み）、（女性という）スケープゴートと、（女性に対して力を行使するという）パワーの感覚を取り戻す方法を与えられた、ということ。

私は、「憎しみを抱き続ける人たちに共感すべきだ」と言いたくて、この話をしているのではない。もちろん違う。今ある問題を克服したいなら、なぜ過激な行動に走るのか、その心理を明らかにする必要がある、と言いたいのだ。二極化された物の見方にとらわれていると、人々をあるカテゴリーにまとめて疎外しがちになり、やるべきことを見失うだろう。

また、自分が怒っている、怖がっている、と気づけば、その情報を活かして、延々と流れてくる偽情報にだまされることはなくなる。

**4．協力し合わなかったことによる悲惨な結果を人々が覚えている限り、協力し合える可能性が高くなる。**

民主主義や集団行動がうまくいくのは、人々が最近の災害や戦争や残虐行為を覚えていて、お互いの違いを脇に置いて調和を築き、みんなの健康と幸福のために働く、と決めたときだ。

こうして歴史の教訓を伝えるのは、みなさんを怖がらせるためではない。「さあ、手始めに、私が言ったことは全部忘れてね。ずっと避けてきたチョコバーを食べて、飲まないと誓ったワインも飲んで、元パートナーに電話しようよ。みんなで沈んでいくんだから、華々しい最後を迎えたほうがマシ」そういうことを言いたいわけじゃない。こんな話をし、上の世代が学んだ教訓を伝えるのは、誰にとっても安全な未来をつくるために、協力し合える社会をつくりたいからだ。

**あなたが何を信じていようと、私たちが前に進んでいくためには、お互いが必要だし、みんなで協力し合う必要があるのだ。**

## ソフィー博士の悩み

### 助けて！　抜け出せない

「私、人種差別をする叔父にも優しくしなくちゃいけない、って言ってる？　車の窓からゴミを捨てる人たちにも怒っちゃいけない、って言ってる？『インセル』にも歩み寄るべきだ、って言ってる？」

――ソフィー・モート博士

この本を通して、私の人生や仕事や私が読んだ本の中で出会った人たちの事例をご紹介してきた。今挙げたのは、私自身の声だ。この章は私にとって、折り合いをつけるのが最も難しい章だった。

みなさんに紹介した研究を読んだときは、「二極化思考の影響」と呼ばれるあらゆるわなにはまった。論点のすり替え、個人攻撃といった思考スタイルに、私自身が陥ったのだ。

**執筆者たちを「ろくでなし」とののしったのは、世の中を変えようと闘っている人たちをや**

**りこめようという「隠れた思惑」を感じたから**だ。論文を読んでは、「そんなに感情的になるな」「誰とでも仲よくすべきだよ。他人の行動を理解できれば、腹を立てる必要もないだろ」と言われている気がして、いちいち感情的になって腹を立てた！

そういうわけで、私はフウッと一呼吸した。そして、もう一呼吸。そうして、感情が静まるのを待った。あなたと同じように私も、「確証バイアス」や「感情ヒューリスティック」をはじめ、脳が人間にわれわれを忘れさせるさまざまな手管《てくだ》を知っているからだ。そしてその後、読んだものについて改めてじっくり考えて、いろんなことに気がついたのだ。

「二極化や他人との関わり方についてよく考える必要がある」というのは、「強い信念を持つな」という意味ではない。「強い信念を持ち、必要な場合は境界線を引くことを忘れるな」と言っているのだ。つまり、誰かについて勝手な憶測を立てたときは気づいて、「基本的な帰属の誤り」（他人の行動は性格の表れだ、と考えるのに、自分の行動は状況で説明がつくと考える傾向）や「ハロー効果」、「確証バイアス」を思い出そう、という意味だ。

立ち止まって、「何かを見落としていないだろうか？」と自問しよう、という意味だ。そうしたあとで、境界線を引く必要があるかどうかを決めてほしい。

小さな違いを認め合い、中道を目指すことが、二極化をやわらげる助けになるだろう。だからといって、「ちょうど真ん中で折り合いをつけよう」などと提案する必要はないし、どう考えても「イヤだ」と言うべきところで首を縦に振れと言っているのでもない。意見を持つな、と言っているわけではないのだ。

女性を蔑視する近所の人と友達になる必要はないし、気候変動があると知っているのに、「ない」という意見に賛同する必要もない。私が言いたいのは、**白と黒という二つの選択肢の間に広大なグレーゾーンがあることを認め合い、そのグレーゾーンのどこかに進むべき道を見つける必要がある**、ということ。私にとってそれは、差別的に見える発言に対処しながらも、発言者が悪人だとか、その人の考えや信念がすべて偏見まみれだ、などとは決めつけないこと。あるいは、なぜ地球が温暖化している証拠を否定する人がいるのかに興味を持つこと。

害をなす人たちに心底厳しい目を向けながらも、そうした加害を政府や社会が今後はやめさせたいと願うなら、彼らのコミュニティと連絡を取る方法を考える必要があることにも、目を向けること。正反対の二つの意見を見据えつつ、そのグレーな中間地点で、会話のきっかけになる何かが見つかる、という希望を持つこと。

小さな違いを認め合い、共通点や中道を見出すのが、そう難しくない場合もある。そういうときは、考え方がわずかに違う相手を避けたがっている自分に気づき、相手の主張に進んで耳を傾けようと決意しているはずだ。そしてそれを、相手が予想通りの「悪人」なのかどうか、お互いに学び合い、助け合うことができるのかどうかを確認するチャンスだ、と考えているはずだ。

あるいは、ライザのように過度な修正を経て、ちょうどよい解決策が見つかる場合もある。これは（とくに）カント、ヘーゲル、マルクスのような哲学者が提唱した弁証法の考え方とよく似ている。彼らによると、考え方の進歩は往々にして、正《テーゼ》（新しい考え方が提案される）、反《アンチテーゼ》（対立する、もしくは矛盾する主張が生まれる）、合《ジンテーゼ》（第3のアプローチ、もしくは考え方に到達し、テーゼとアンチテーゼの葛藤が解決され、進むべき道が示される）という経過をたどる。

ジンテーゼはテーゼとアンチテーゼの融合、もしくは折衷案だとは限らず、まったく新しい考え方の場合もある。また、進歩が止まることはめったにないので、ジンテーゼが新しいテーゼとなって、次の会話のサイクルが始まることも多い。進歩が直線的であることはほとんどないけれど、何の問題もない。今これを読みながら、あなたが過去にした明らかに過度な修正を思い出しているなら、それはごく普通のことだ。試行錯誤するうちに、遠からずあなたにぴったりな道が見つかるだろう。

## 誰もが行き詰まる。だから、自分も周りの人もきちんと評価する

中道は新しい考え方ではないが、今日では「穏健な」考え方だと見なされている、と私は思

う。だが、中道が最も過激な見解であることも珍しくない。それは、証拠に目を向け、しっかりと調べ、「木を見て森を見ず」にならないよう、みんなを前進させてくれる角度の違う考え方を進んで探した結果だからだ。

また、重要なことは、中道が必ずしも最善の道だとは限らないこと。中道などまったく受け入れられない、という状況もあるからだ。

世の中には、絶対に間違っている、絶対に悪だ、という物事もある。レイプや殺人が、常に悪いことであるように。あるいは、相手の意見が知りたくて会話を持ちかけたのに、相手が頑なにけんかをふっかけたり、憎悪をまき散らしたり、あなたや誰かを傷つけたりするなら、中道など見出しようもない。「入ってくるな」としっかり線を引くタイミングだろう。**境界線を引いて、自分の意見を表明し、その場を去るなり、ふさわしい手段を取ろう。**あらゆる状況から偏りをなくせるわけではない。それは無理な話だ。それでも、私たちが本当に行き詰まりから抜け出したいなら、この本で学んできたことをよく考えなくてはならない。

誰だって間違いを犯すことはある。誰だって時には、習慣やヒューリスティックス、サボタージュやゲーム、過去のことなどが原因で、身動きが取れなくなることがある。

認めたくないほど頻繁に、私たちは次のようなことをしている——ずっと昔に手放しておきたかった行動を取ってしまう／ある面だけを見てお互いを瞬時に判断し、自分の思い込みだけを裏づけるような情報を探し、自分が正しいかどうかに関係なく、意見が合わない人を避けたり恥をかかせたりする／イヤな気分を回避しようと、ラクな道を選ぶ／相手にその人が選んでもいない役を演じさせ、自分は責任を負わずに相手のせいにする／思っていたより少し極端な結果をもたらすような選択をする。自分がこんなことをしているとわかったら、身近な人たちも同じことをしているはずだ、と気づかなくてはいけない。

**人生の行き詰まりから抜け出したいなら、自分をきちんと評価してあげること。そして、自分の行動に責任を持つことだ。**周りの人たちも、同じことをする必要がある。すでにお話ししたように、みんなで行き詰まりから抜け出したいなら、お互いが必要になるからだ。

## ▼▼脱出のヒント31

**・明るい未来をつくるのに役立つ、歴史の教訓がある。**

**・人々が互いに耳を傾け合わないと、とんでもない事態になりかねない。確固たる意見を持**

つ、集団の変化のために闘う、といったことは素晴らしい。だが、目下のところ、最善の努力の中には分裂をさらに広げるものもあり、それが変化の妨げになっている。

・時には、お互いを相手に闘うのではなく、システムと、二極化や恐れやデマを煽るメディアを変えることにもっぱら力を注ぐ必要がある。

## 二つのことが事実であるとき

・心の中で同時に、相反する立場を取る手段として、「両方／同時に」という言葉を使ってみよう

たとえば、「私が両親の感情に打ちのめされたのも事実だが、同時に、私が自分の感情に対処し、子どもたちに打たれ強さを身につけてもらうために、彼らに感情を見せなくてはならないのも、両方事実なのだ」「ある発言から、相手が私と違う意見を持っているのも事実だが、同時に、私が間違っている可能性があるのも事実だから、この会話は、両方

が成長できるチャンスなのだ」のように。

・今のあなたの信念体系とはまったく違う意見を持っていた頃のことを思い出そう

あなたは、どうやってその意見を変えたのだろう？　簡単に中道を見出せたのか、それとも、過度な修正をしたのだろうか？　その意見は、（「いい子」だとか「悪い子」だとか）あなたの人柄を表していた？　今のあなたは当時よりもグレーゾーンが多いだろうか？　時々物の見方をアップデートする必要がある、と気づいているだろうか？　教わったことを恥ずかしく思うのではなく、ありがたく思っているような意見が何か頭に浮かぶだろうか？

あなたは、この本を読んだことで「中道を見出したい」と感じるような、強固な意見を持っている？

・あなたの考えに合わない言動をした人の人柄を勝手に憶測し、レッテルを貼ってしまったときのことを思い出そう

当時を振り返ると、見落としてしまったかもしれないことが、何かあるだろうか？　相手についてもっとよく知り、実りある会話をするチャンスを見落とした？　それとも、後

日その人のところへ戻って、実りある会話をしただろうか？

このワークで、とくに伝えたいことがあるわけではない。この章で提示した話題について、あなたの経験を振り返ってもらい、ご自身で判断してもらうためのワークだ。

・あなたが議論で意見を曲げなかったことを、うれしく思っている出来事や場面を一つ挙げよう

そのとき中道を探そうとしなかったことを、なぜうれしく思っているのか、自分に尋ねよう。絶対に譲れないと感じることを議論していたからだろうか？　その出来事は、あなたが人生で大切にしているものについて、何を教えてくれている？

最後のワークとしてこの作業をお願いしたのは、この手の本は、絶えず読者の何が間違っているのか、何を改める必要があるのかを伝えている気がするからだ。

ほとんどの本は、読者がどんな著者よりも自分自身をよく知っている事実に目を向けていない。**あなたは「永遠の自己啓発プロジェクト」などではなく、すでに自分が何者かを理解し、すでに自分の価値観に合う重要な行動を取っている、そのままで素晴らしい人なのだ。**

だから、今尋ねた最後の問いは、ただこう繰り返すためのものだ——自分自身についてや、人生の行き詰まりから抜け出す方法についてさらに学ぶことも重要だけど、あなたは人生において、すでに何度も自分の大切なもののために立ち上がってきた。すでに素晴らしい選択をし、必要なときには行動を起こしてきた。

行き詰まりから抜け出す何より簡単な方法は、まだないものに恋い焦がれるのではなく、今ここにすでにあるものを喜ぶことだ、とあなたはすでに知っている。

# あなたへの最後の手紙

## ――「思いやりと責任」があれば悪い習慣から抜け出せる

ふぅ。やったね、私たち！　調子はどう？

この本では、行き詰まりを終わらせる方法を山ほどご紹介してきた。そして、折に触れて、人間が過去を延々と繰り返す無限のループにたびたび陥ることもお話ししてきた。

でも、いくつか覚えておいてほしいことがある。**1）過去を繰り返すのは、私たちがどうかしているからではない。それは、ごく正常なことだ。ただ、人生の邪魔をされないよう、そのことを理解しておく必要があるだけ。2）あなたは今、自分のパターンや、自分を行き詰まらせる多くの事柄を明らかにする知識を持っている。**

さらには、ぜひこのメッセージを手にして、ここをあとにしてもらいたい――私たち人間には、目を見張るような便利な能力が備わっている。習慣やヒューリスティックスといった能力のおかげでエネルギーの節約ができるから、生き延びることや、人生の重要な物事に集中できる。

サボタージュや「ドラマの三角形」といった能力のおかげで、恥をかいたり、守るべきだと信じているルールを破ったりせず、身を守ることができている。また、自分の役に立っていないものに気づいて、新しいルールや行動を自分で生み出すこともできる。

つまり、**自分が陥っているどんな問題も、自分で正すことができるのだ。**

ただし、残念ながら、この本で学んできたように、そうした能力はどれも、気をつけないと、状況をさらに悪化させる恐れがある。悪い習慣が身につくかもしれないし、先入観《バイアス》のせいで、膣にやけどを負ってしまうかもしれない（!）。サボタージュやドラマは、自分が一番恐れていることが真実だという証拠をもたらすかもしれないし、過度な修正をすれば、新たな問題が生じるリスクもある。

人が「私はこういう人間だ。変われっこない」と言うときは、まだ変化の準備ができていないか、変化を試みたけれど失敗したか、単に変化を目にしたことがないか——そのいずれかだ。変化が不可能に見える場合でも、たいてい何かできることはある。人間関係を努力して改善することはできるのだ。

あなたは今や、問題がどこで起こり得るか、気づく力を持っている。そして、問題を克服する手段も手にしている。たとえば、気づきの力を高める「マインドフルネス」は、人生に有意義な変化を起こす第一歩だし、どんな行き詰まりに苦しんでいようと、「行動ステップ」を試すこともできる。また、この本で取り上げてきた問題にあなたが陥る理由については、もう少し「思いやり《コンパッション》」を持って取り組んでくれたらと願っている。

**思いやりに責任が加わると、人生に変化をもたらす完璧な処方箋ができる。**「思いやりと責任」があれば、悪い習慣にふけることはなくなる。それがストレス反応をやわらげ、「変化は起こせる」という希望をくれるからだ。そして、ヒューリスティックスからも守ってくれる。他人の意見を尊重し、適度な距離を取ることを思い出させてくれるし、いまいちな決断をした自分を責める気持ちもやわらげてくれるからだ。

また、**「思いやりと責任」があれば、サボタージュに走ることもなくなる。**「恐れている物事を避ける必要はない」と教えてくれるからだ。さらには、ドラマに足を踏み入れることもなくなる。「被害者」のさまざまな顔を演じるのを防いでくれるからだ。そして、たとえ過度な修正をしても、「前に進む道が見つかる」と教えてくれる。たとえゆっくりとしか進めなくても、カメのようにゆっくりと着実に進む者がレースを制する、とわかっているからだ。

簡単なことだとは言わない。お互いに協力し合い、必要な変化を起こすために助け合えば成功する、と言っているのだ。**一緒にできることは、いくつもあるだろう。**

たとえば、お互いに責任を持って新しい習慣に取り組む、「集団思考」や「確証バイアス」

に陥りやすい傾向と闘う、「セルフ・サボタージュ」をしないよう、互いに支え合って恐怖に立ち向かう、ゲームに陥らないよう正直な会話をする、共通点を見出して、あらゆる世代が抱えがちな深刻な脅威と闘う、などである。

もちろん、行き詰まりの原因となる自分の行動に目を向ける必要はあるが、本当に自分自身や次世代の人たちを行き詰まりから脱出させたいなら、お互いに助け合う必要があるのだ。

あなたが自分の人生に戻っていく前に、もう一つ、繰り返し言っておきたいことがある。それは、**一筋縄ではいかない変化の性質について、前に進んではまた後退するであろう事実**についてだ。そうなったときは——おそらくそうなるだろうが——覚えておいてほしい。後退は振り出しに戻った印ではなくプロセスの一部だ、と。やめたい習慣を手放すのには、時間がかかるのだ。

この本で学んだ何かに挑戦して、後退していることに気づいたら、第1章に登場したもふもふの小さなマウスを思い出してほしい。赤外線灯に照らされた暖かな一角を、強さではなく粘り強さで勝ち取ったあのマウスのことを。繰り返しは友達だ。繰り返しを味方につければ、最後には「抜け出せた！」と感じられるはず。

——ドクター・ソフ

X《キス》

## お勧めの書籍

■ 習慣についてさらに学びたいなら、次の書籍がお勧めだ：

- ジェームズ・クリアー著『ジェームズ・クリアー式　複利で伸びる1つの習慣』（パンローリング）
- リチャード・セイラー&キャス・サンスティーン著『NUDGE　実践行動経済学　完全版』（日経BP）

■「動機づけの段階」と各段階の進み方について、さらに学びたいなら：

- ジェームズ・プロチャスカ&ジャニス・プロチャスカ著『Changing to Thrive: Using the Stages of Change to Overcome the Top Threats to Your Health and Happiness（未邦訳：元気に生きるための変化：変化の段階を使って健康と幸福への最大の脅威を克服する）』

■ ヒューリスティックスと先入観について、さらに深く学びたいなら：

- ダニエル・カーネマン著『ファスト&スロー　あなたの意思はどのように決まるか？（上・下）』（早川書房）
- マイケル・ルイス著『後悔の経済学　世界を変えた苦い友情』（文藝春秋）

■ 自己批判とセルフ・コンパッションについて、さらに学びたいなら：

- ソフィー・モート博士著『A Manual for Being Human（未邦訳：人間らしくあるためのマニュアル）』
- クリスティン・ネフ博士著『セルフ・コンパッション［新訳版］』（金剛出版）

■ 自尊心について、さらに学びたいなら：

- ナサニエル・ブランデン著『The Six Pillars of Self-Esteem（未邦訳：自尊心の六つの柱）』

■ ゲームについて、さらに学びたいなら：

- エリック・バーン著『人生ゲーム入門――人間関係の心理学』（河出書房新社）

■ 世代を超えたトラウマについて、さらに学びたいなら：

- マーク・ウォリン著『心の傷は遺伝する』（河出書房新社）

## 付録3　恐れに立ち向かおう

**今から紹介するステップは、「認知行動療法（ＣＢＴ）」と呼ばれる心理学のモデルから作成したものだ。あなたが恐れや不安でとても苦しんでいて、このエクササイズをやり終えても恐れに十分対処できないと感じる場合は、ＣＢＴを専門とするセラピストのサポートを受けることを検討しよう。**

１．あなたの行き詰まりの原因になっている恐れを書き出そう――たとえば、「新しい恋人に心を開いても、きっとうまくいかない」「何に挑戦しても、私はうまくやれない」など。

２．その恐れを裁判にかけよう：恐れの思考が強すぎて、その思考に反する証拠が目に入りづらいなら、この課題では誰かの助けを借りてみよう。

・欄１に、あなたの恐れの思考を裏づける証拠を挙げよう。たとえば、「最近デートした相手に浮気された」「仕事に応募したけど採用されなかった」など。

・欄２に、あなたの恐れの思考に反する証拠を挙げよう。たとえば、「以前つき合った三人の人たちは私を大切にしてくれた。どの関係も終わったときは悲しかったけど、誰もまったく傷つかなかった」「僕には親切で、支えてくれて、絶対に僕を傷つけない友達がたくさんいる」など。あるいは、「以前、不採用になったとき、『別の人があなたより２年経験が長かったから』と言われた。『私は何をしてもダメだし、ほかの人たちもそう思っている証拠だ』と受け止めていたけど、間違っていた」「読み書きをはじめ今持っているスキルはどれも、以前はできなかったけど、今はできることだ。だからたぶん、何をやってもダメなわけではない」など。

・欄３に、どちらの証拠も反映させた、バランスの取れた新しい信念を書き込もう。たとえば、「デートをしてつらい思いをすることもあるけど、全員が私を傷つけるわけじゃない。それどころか、出会ったほとんどの人は親切で、支えてくれて、リスクを冒して他人と知り合うことの素晴らしさを実感させてくれる」。あるいは、「時々、自分は何をやってもダメだと不安になる。でも実は、その証拠だと受け止めていることだって、たいていは別の解釈が成り立つし、新しいことに挑戦して最初は苦労しても、最後には成功する事例もたくさんある」など。

| | | |
|---|---|---|
| 欄1 | あなたの恐れの思考を裏づける証拠。 | |
| 欄2 | あなたの恐れの思考に反する証拠。 | |
| 欄3 | バランスの取れた新しい信念。 | |

3.「こうなったらどうしよう？」という恐れを最後までたどってみよう。ここでは恐れに異を唱えるのではなく、「これやあれがうまくいかなかったらどうしよう？」と堂々めぐりに陥る、恐れの性質につき合ってみるのだ。このエクササイズが重要なのは、「こうなったらどうしよう？」という不安を抱くと、人はたいていそこで立ち往生し、最悪の恐れが現実になった場合に何をするのか、自問するのを忘れてしまうからだ。「こうなったらどうしよう？」という恐れを最後までたどれば、恐れが刺したトゲをいくぶん抜くことができる。

・「こうなったらどうしよう？」の形で、あなたの恐れの思考を書き出そう。たとえば、「○○が起こったら／本当だったらどうしよう？」「誰かと出会ってその人に傷つけられたらどうしよう？」「これに挑戦して、みんなに笑われたらどうしよう？」のように。

・「それが実際に起こったら、私はどうするだろう？」と自分に尋ねよう。その状況にどう対処するのか、具体的に書き出すこと。たとえば、「ショックで、うろたえて、たぶん急いで家に帰って、思いきり泣くだろう。一番恐れていたことが本当だったと証明されたのだから」のように。

・「そのあと、私はどうするだろう？」と自分に尋ねよう。回答例：「おそらく１週間ほど泣きじゃくって、ベッドで長い時間を過ごして、友達に電話で助けを求めるだろう」など。

・「では、そのあとは？」と自分に尋ねよう。回答例：「おそらく、しばらくは気分がマシになって、また気分が悪くなるだろう」など。

・「そのあと、どうするだろう？」と自分に尋ねよう。回答例：「うまくいったと思うこと、いかなかったと思うことをリストにするだろう。そうすれば、今後何かを始めるときに使えるから。きっと運動や、感情を整えるのに役立ちそうな活動をするだろう。その後、また挑戦することを検討するかもしれない」など。

・もうこれ以上は何も浮かばない、というところまで、何をするか自問し続けよう。回答例：「私は、最終的に苦しみ／恥ずかしさを乗り越えて、またデートを／新しい挑戦を始めるだろう」など。

・ここまで到達したら、「これが起こったら、怖いだろうか？」と自分に尋ねよう。それから、こうも尋ねてみよう。「でも、生き延びられると思う？」。どちらの問いへの答えも、おそらく「はい」だろう。

4．新しい信念を試す方法を計画しよう。今のあなたは、恐れの思考に対してバランスの取れたアプローチができるし、たとえ最悪の結果に見舞われても、何をするかは計画ずみだから、そろそろ行動実験の計画を立てよう。恐れている状況を少しずつ経験してみるか、恐れに関する新しい信念を試してみるのだ。第３章に登場したジアを覚えているなら、拒絶される恐れを克服する一番の方法は、繰り返し拒絶される状況に身を置くこと、とすでに知っているだろう。思いつく中で一番怖くない拒絶から始めて、一番怖い拒絶へと経験を重ねていくのだ。この戦略は、人生のほとんどの分野で役立つだろう。

・エクササイズ１と２を終えたら、まったく新しい信念を書きたくなるだろう。たとえば「拒絶されたり失敗したりするとは限らないし、たとえそうなっても生き残れる」のように。その新しい信念、もしくは、あなたが試してみたい信念をここに書こう。

・「私の恐れを試すために、今日できる一番怖くないことは何だろう？」と自分に尋ねよう。たとえば、拒絶されるのが怖いなら、ジアがしたように、知らない人に思いつきで何かを頼んで、相手の答えを見てみるのはどうだろう？　失敗が怖いなら、今夜料理をして、わざと少し焦がして、何をしたのか、なぜしたのかを伝えずに、相手の反応を見てみるのはどうだろう？

・「恐れを試すためにできる、次に怖くないことは何だろう？」と自分に尋ねよう。

・少なくともこの問いをあと５回は繰り返し、恐れを試すために実行できる、少なくとも七つのステップを書き出そう。

恐れに立ち向かうための、七つのステップのリストをつくろう：

1. 私が実行する一番怖くないことは：

2. 私が次に実行することは：

3. 私が次に実行することは：

4. 私が次に実行することは：

5. 私が次に実行することは：

6. 私が次に実行することは：

7. 私が次に実行することは：

最初のステップをいつ実行するかを書こう：

そして、次のステップに移ろう。

8. 実験をしよう。実験の前に、下記の「パートＡ」を最後まで書こう。そして、実験後に、「パートＢ」を最後まで書こう。これを、リストの各ステップで行うこと。

パートA

今日、私は下記のことを実行します：

それを実行するのは、下記の信念を試すためです：

今のところ私は、試そうとしている信念を（100パーセント中）＿＿＿＿パーセント信じています。

このテストをするに当たって、私は下記のような不安を感じています：

私はこの実験の間、下記の対策を取ることで、自分をケアします：（この実験をきちんとこなすために、どんな対策を講じるかを記入しよう。たとえば、「友達を一緒に連れていきます」「実験後に、報告のために友達と会います」のように）。

**パートB（実験後に記入しよう）**

実験の間に何が起こったか、どう感じたか、何に驚いたかを記入しよう。

この実験から、私は下記のことを学びました：（この実験から何を得ることができたかを記入しよう。すべてが「よいこと」でなくても構わない。たとえば「恥ずかしかったけど生還できた」など）。

私は今、新しい信念を（100パーセント中）______パーセント信じています（実験前から変わったかもしれないし、変わっていないかもしれない）。

私が次にする実験は、下記の通りです：（恐れに立ち向かうために、計画のステップ２に移るのか、先に進む心の準備ができるまでステップ１を何度か繰り返す必要があるのかを記入しよう）

必要に応じて、すべてのステップを繰り返そう。課題の難度が上がるたびに、新しい恐れがわいてくるのに気づくかもしれないが、問題はない。急ぐ必要はないのだ。新たな恐れが生じたら、またエクササイズ１に戻ってワークに取り組み、新しい恐れを裁判にかけよう。そして、「こうなったらどうしよう？」という恐れを最後までたどり、新たな恐れに立ち向かうための実験を計画し、新しい信念を試そう。

## 付録4 シナリオをひっくり返そう

1．第５章（310 ～ 311 ページ）で説明したように、あなたの「複製のシナリオ」「即興のシナリオ」「修正のシナリオ」を、欄１、欄２、欄３に記入しよう。

簡単な覚え書き：

・複製のシナリオとは、子どもの頃に見たものを反映した行動パターン。
・即興のシナリオとは、教わらなかったから、自分でつくり出した行動パターン。
・修正のシナリオとは、目にして嫌いだった行動／思い込みと差し替えるために使った行動／信念のパターン。

2．今書いたシナリオのうち、「なりたい自分」からあなたを遠ざける、もう使いたくないシナリオに丸をつけよう。

3．最初にそうした行動を取り、そうした思い込みを持っていたのは誰だったのかを自分に尋ね、欄４に記入しよう。

4．丸をつけたものの、今のところ「修正のシナリオ」がない場合は、新しい「修正のシナリオ」を書こう。

5．「修正のシナリオ」が極端なものかどうかを自問してから、欄５に記入しよう。

6．新しいシナリオを試すために何をする必要があるのか、どんなスキルを学ぶ必要があるのかを欄６に記入しよう。

| | | |
|---|---|---|
| 欄1 | 複製のシナリオ | |
| 欄2 | 即興のシナリオ | |
| 欄3 | 修正のシナリオ | |

| | | |
|---|---|---|
| 欄4 | あなたが嫌いなそれぞれのシナリオは、どこで始まったのか？　家族やコミュニティにそれを始めた人がいたのか？　それはなぜか？ | |
| 欄5 | さりげない「修正のシナリオ」とはどのようなものか？ | |
| 欄6 | その新しいシナリオを試すために、何をしなくてはならないか？ | |

5．最もうまくいきそうな／やりやすそうな選択肢に丸をつけよう。よい点と悪い点に目を通したら、どの解決策が現実として最も試しやすいと感じるだろう？　この時点では、いくつかの解決策を組み合わせて融合させたい、と考えるかもしれない。

6．それをどのように実施するかを決めよう。具体的に考えること。何をするか、いつするか、それを実施するには何が必要かを書き出そう。

7．実施しよう！

8．結果を振り返ろう。時間を取って、このワークに戻ってくること。何が起こったかを書き出そう。望み通りの結果だったか、そうではなかったかを書くこと。自分のニーズを満たせたのかどうか、判断しよう。満たせなかったなら、別の解決策を試そう。

| | | |
|---|---|---|
| 欄1 | 考えられる解決策。 | |
| 欄2 | その解決策のよい点。 | |
| 欄3 | その解決策の悪い点。 | |
| 欄4 | 最初にどの解決策を試すのか（また、どのように、いつ試すのか、そのためには何が必要なのか）。 | |
| 欄5 | どんな結果になったか。 | |

## 付録2 問題を解決しよう

1．あなたが解決しようとしている問題、または、下そうとしている決断を一つ記入しよう（たとえば、仕事がうまくいっていない、上司が細かいことまでうるさく管理しようとする、など）。

2．欄1に思いつく限りの解決策を記入しよう。可能かどうかは考えずに、その問題に対して少なくとも五つの解決策を書くこと。なかなか思い浮かばない場合は、誰かに解決策を提案してもらったり、友達が同じ状況に陥ったらどんなアドバイスをするか、自問したりしよう。この段階では、解決策を無視したくなる衝動に気づいてほしい。あり得ないと感じるものも含め、ここではあらゆる候補を挙げること。

3．少なくとも一つ、バカバカしい解決策を加えよう。思わず笑ってしまうようなものを。すると、ちょっぴりリラックスできるので、問題を抱えていても、たいてい何かできることがある、と気づくだろう。

4．欄2と欄3に、それぞれの解決策のよい点と悪い点を書き出そう。これはじっくり考えること。時間をかけて考えよう。よい点も悪い点も、少なくとも一つずつは書くこと。ほかの人が挙げてくれた、よい点と悪い点も書き込もう。

次の各欄に記入しよう：

| | | |
|---|---|---|
| 欄1 | あなたがすでに実践している、「なりたい自分」にふさわしい習慣。 | |
| 欄2 | 「なりたい自分」からあなたを遠ざける習慣。 | |
| 欄3 | あなたが「悪い」習慣にふけるきっかけになるもの（視覚的なもの、身体感覚など）。<br><br>この欄に記入したら、排除できるもの、排除するつもりのものに丸をつけよう。 | |
| 欄4 | 悪い習慣がくれるご褒美や解決（その習慣にふける目的とは？　強い欲求や退屈を一掃してくれるから?）。 | |
| 欄5 | 同じ解決をくれる／「なりたい自分」に近づけてくれる、新しい活動。<br>（新しい活動を書き出そう。そのあとで、大きな活動は、小さな塊に分けよう） | |
| 欄6 | あなたが身につけたいよい習慣。<br>（このリストは、欄5よりも低い罫線上に記入すること） | |
| 欄7 | 新しい行動を引き起こすために、あなたの1日に加えなくてはならないきっかけ。 | |
| 欄8 | 新しい行動に与えるご褒美。 | |
| 欄9 | 新しい行動をいつ行うか（何時に行うか、すでに行っているどの活動の前や後に行うか）。 | |
| 欄10 | 新しい行動を誰に伝え、どんなサポートをしてもらうか。 | |
| 欄11 | 古い習慣に逆戻りしてしまったら、何をするか。 | |

## 付録1　習慣を選ぼう

あなたが今後、どんな人間になりたいのかを書き出そう（「親切な、健康な、ひたむきな、存在感のある、自由な」のような、価値観に基づく五つの言葉を選ぼう）：

今後、あなたがやっていきたいことを書き出そう（五つの目標を選ぼう）：

こうした質問にまだスムーズに答えられないなら、第2章（141～146ページ）の「自分を知るための8ステップ」のワークを先に仕上げよう。

## Chapter 5 : History


1 Jordan, D., Tumpey, T., Jester, B., 'The Deadliest Flu: The Complete Story of the Discovery and Reconstruction of the 1918 Pandemic Virus', Centers for Disease Control and Prevention, https://www.cdc.gov/flu/pandemic-resources/reconstruction-1918-virus.html

2 Little, B., 'As the 1918 Flu Emerged, Cover- Up and Denial Helped It Spread', 26 May 2020, History, https://www.history.com/news/1918- pandemic- spanish-flu- censorship

3 Rakoff, V., Sigal, J. J., and Epstein, N. B., 'Children and families of concentration camp survivors', Canada's Mental Health 14, no. 4 (1966):24–26.

4 Alhassen, S., Chen, S., Alhassen, L., et al., 'Intergenerational trauma transmission is associated with brain metabotranscriptome remodeling and mitochondrial dysfunction', Communications Biology 4, no. 783(2021).

5 Miron, J. A., and Zwiebel, J., 'Alcohol Consumption During Prohibition', American Economic Review 81, no. 2 (1991): 242–247.

6 Rothman, E. F., Daley, N., and Alder, J., 'A Pornography Literacy Program for Adolescents', American Journal of Public Health 110, no. 2(2020): 154–156.

7 Somer, M., McCoy, J. L., and Luke, R. E., 'Pernicious polarization, autocratization and opposition strategies', Democratization 28, no. 5(2021): 929–948.

8 Ponce de Leon, R., Rifkin, J. R., and Larrick, R. P., ' "They're Everywhere!": Symbolically Threatening Groups Seem More Pervasive Than Nonthreatening Groups', Psychological Science 33, no. 6, (2022):957–970.

6 Romm, T., 'Pro- Beyoncé vs. Anti- Beyoncé: 3,500 Facebook Ads Show the Scale of Russian Manipulation', 10 May 2018, WashingtonPost, https://www.washingtonpost.com/news/the- switch/wp/2018/05/10/here- are- the- 3400- facebook- ads- purchased- by- russias- online- trolls- during- the- 2016- election/

7 Goszczyn ́ska, M., and Rosłan, A., 'Self- evaluation of drivers' skill: a cross- cultural comparison', Accident Analysis & Prevention 21, no. 3 (1989): 217–224.

8 Cooper, A. C., Woo, C. Y., and Dunkelberg, W. C., 'Entrepreneurs' perceived chances for success', Journal of Business Venturing 3, no. 2 (1988): 97–108.

9 Johnson, D. D. P., Overconfidence and War: The Havoc and Glory of Positive Illusions (Harvard University Press, 2004).

10 Alsabban, S., and Alarfaj, O., 'An Empirical Analysis of Behavioral Finance in the Saudi Stock Market: Evidence of Overconfidence Behavior', International Journal of Economics and Financial Issues 10, no. 1 (2020): 73–86.

11 Stone, C., Mattingley, J. B., and Rangelov, D., 'On second thoughts: changes of mind in decision- making', Trends in Cognitive Sciences 26, no. 5 (2022): 419–431.

## Chapter 3 : Self- Sabotage

1 Hirt, E. R., McCrea, S. M., and Kimble, C. E., 'Public Self-Focus and Sex Differences in Behavioral Self-Handicapping: Does Increasing Self-Threat Still Make it "Just a Man's Game?" ', Personality and Social Psychology Bulletin 26, no. 9 (2000): 1131–1141.

2 Ibid.

3 Tully- Wilson, C., Bojack, R., Millear, P. M., Stallman, H. M., Allen, A., and Mason, J., 'Self- perceptions of aging: A systematic review of longitudinal studies', Psychology and Aging 36, no. 7 (2021): 773–789.

4 Linscott, R.N., Complete Poems and Selected Letters of Michelangelo, trans. Creighton Gilbert (Random House, New York, 1963, 1965): 218.

8 Phillips, L. A., and Gardner, B., 'Habitual exercise instigation (vs. execution) predicts healthy adults' exercise frequency', Health Psychology 35, no. 1 (2016): 69–77.

9 Wilson, R. C., Shenhav, A., Straccia, M., and Cohen, J. D., 'The Eighty Five Percent Rule for optimal learning', Nature Communications 10, no. 1 (2019): 1–9.

10 Adolph, K. E., et al., 'How do you learn to walk? Thousands of steps and dozens of falls per day', Psychological Science 23, no. 11 (2012): 1387–1394.

11 Eyal, Nir, 'Forming New Habits: Train to be an Amateur, Not an Expert', Nir and Far, 17 February 2021, https://https://www.nirandfar. com/train-to-be-amateur-not-expert/

12 Kappes, H. B., and Oettingen, G., 'Positive fantasies about idealized futures sap energy', Journal of Experimental Social Psychology 47, no. 4(2011): 719–729.

## Chapter 2 : Heuristics

1 Van Vugt, M., and Schaller, M., 'Evolutionary approaches to group dynamics: An introduction', Group Dynamics: Theory, Research, and Practice 12, no. 1 (2008): 1–6.

2 Hare, B., 'Survival of the Friendliest: Homo Sapiens Evolved via Selection for Prosociality', Annual Review of Psychology 68, no. 1 (2017):155–186.

3 Robert, M., 'Second-Degree Burn Sustained After Vaginal Steaming', Journal of Obstetrics and Gynaecology Canada 41, no. 6 (2019): 838–839.

4 Kluger, J., 'Accidental Poisonings Increased After President Trump's Disinfectant Comments', TIME, 12 May 2020, https://time. com/5835244/accidental-poisonings- trump/

5 Smyth, S. M., 'The Facebook Conundrum: Is it Time to Usher in a New Era of Regulation for Big Tech?', International Journal of Cyber Criminology 13, no. 2 (2019): 578–595.

# 脚 注

## はじめに


1 Deery, H. A., Di Paolo, R., Moran, C., Egan, G. F., & Jamadar, S. D., 'The older adult brain is less modular, more integrated, and less efficient at rest: a systematic review of large- scale resting- state functional brain networks in aging', Psychophysiology, 60, e14159 (2023).

2 Neal, D. T., Wood, W., and Quinn, J. M., 'Habits – A Repeat Performance', Current Directions in Psychological Science 15, no. 4 (2006): 198–202.


## Chapter 1 : Habits


1 Job, V., Dweck, C. S., and Walton, G. M., 'Ego Depletion – Is It All in Your Head?: Implicit Theories About Willpower Affect Self- Regulation', Psychological Science 21, no. 11 (2010): 1686–1693.

2 Lally, Phillippa, van Jaarsveld, Cornelia H. M., Potts, Henry W. W., and Wardle, Jane, 'How are habits formed: Modelling habit formation in the real world', European Journal of Social Psychology 40, no. 6 (2010): 998–1009.

3 Malvaez, Melissa, and Wassum, Kate M., 'Regulation of habit formation in the dorsal striatum', Current Opinion in Behavioral Sciences 20 (2018): 67–74.

4 Davey, J. and Jack, V., 'Crunch time in Britain as even beloved crisps in short supply', Reuters, 5 November 2021. https://www.reuters.com/business/retail-consumer/crunch- time- britain- even- beloved- crisps- short- supply- 2021-11- 05/

5 Moss, M., Hooked: How Processed Food Became Addictive (Ebury Publishing, 2021).

6 Gardner, S., and Albee, D., 'Study focuses on strategies for achieving goals, resolutions', Press Releases 266 (2015), https://scholar.dominican. edu/news-releases/266

7 Zhou, T., et al., 'History of winning remodels thalamo- PFC circuit to reinforce social dominance', Science 357, no. 6347 (2017): 162–168.

著者 Sophie Mort（ソフィー・モート）

臨床心理学者。心理学学士号、神経科学修士号、臨床心理学博士号を取得。Instagramやブログ、オンライン診療を通じて情動的幸福を提供するセラピーの普及に努めている。5,000人以上のメンタルヘルスを支援してきた。マインドフルネス アプリ“Happy Not Perfect”を開発し、“Vice Magazine”“Girlboss”“Psych Central”“Teen Vogue”など世界的なメディアで取り上げられる。デビュー作となった“A Manual for Being Human”は、イギリスでSUNDAY TIMES BESTSELLERとなり世界10か国に翻訳されベストセラーに。

訳者 長澤 あかね（ながさわ・あかね）

奈良県生まれ、横浜在住。関西学院大学社会学部卒業。広告会社に勤務したのち、通訳を経て翻訳者に。訳書に『メンタルが強い人がやめた13の習慣』（講談社）、『ゴースト・ボーイ』『マルチ・ポテンシャライト――好きなことを次々と仕事にして、一生食っていく方法』（以上、PHP研究所）、『不自然な死因 イギリス法医学者が見てきた死と人生』（大和書房）などがある。

やり抜く自分に変わる1秒習慣

2023年10月5日　第1版第1刷発行

著　者　ソフィー・モート
訳　者　長澤 あかね
発行者　永田貴之
発行所　株式会社PHP研究所
東京本部　〒135-8137　江東区豊洲5-6-52
ビジネス・教養出版部　☎03-3520-9619（編集）
普及部　☎03-3520-9630（販売）
京都本部　〒601-8411　京都市南区西九条北ノ内町11
PHP INTERFACE　https://www.php.co.jp/

装　幀　小口翔平+畑中茜（tobufune）
組　版　桜井勝志
編　集　大隅元
印刷所
製本所　大日本印刷株式会社


ISBN 978-4-569-85560-8